tanja
grandits

kräuter

vierzig kräuter und hundertvierzig rezepte

inhalt

rezepte

Sämtliche Rezepte sind, sofern nicht anders vermerkt, für 4 Personen berechnet.

Kräuter, mein geliebtes Grün! Am liebsten hätte ich einen riesengroßen Kräutergarten. Einen mit Beeten, Feldern und Gewächshäusern, um großzügig all meine geliebten Kräuter anzubauen. Kräuter wachsen zu sehen, sie zu pflegen und zu ernten bereitet mir einfach pure Freude. Und bis mein Wunschkräutergarten Wirklichkeit ist, schenkt mir mein kleines Gartenreich mit Pflanzsäcken und Kübeln Inspiration und unglaubliche Geschmackswelten.

Es ist aufregend, die Phasen des Wachstums zu begleiten, vom zarten Keimling bis zur prachtvollen Staude. Voller Staunen entdeckt man, wie die kleinen Blätter ganz anders schmecken als die ausgewachsenen, welch duftigen Geschmack die Blüten haben und wie auch Stiele, Wurzeln und Samen eine köstliche Verwendung finden.

Für die Fotografien zu diesem Buch hätten wir keinen besseren Zeitpunkt wählen können: Alle Kräuter vor und hinter dem Haus standen in vollem Saft, und ich konnte für jedes Bild und jedes Gericht einfach das knackig-frische Grün ernten und sofort verwenden. Viele der Gerichte sind so ganz spontan im Garten entstanden und haben den Weg in die Küche und ins Buch gefunden.

Ich bin stets auf der Suche nach neuen Geschmacksnuancen und ihren Kombinationen. Gerade deswegen bereichern Kräuter meine Küche schon seit jeher auf wunderbare Weise. Ihre ätherischen Öle, ihr zartes Knacken und ihr sagenhaftes Spektrum an Grüntönen bringen Vitalität, Frische und eine wohltuende Unbeschwertheit in mein Essen. Sie sind meine ständige Inspiration für etwas aufregend Neues.

Bei der Auswahl der Kräuter bin ich von meinen liebsten Gewächsen ausgegangen und habe sie Geschmacksfamilien zugeordnet. Ihr Aroma reicht von mild-grasig über süß und sauer bis hin zu würzig-scharf. Das Kräuterbuch ist ein kleiner Leitfaden, ein Wegweiser durch mein grünes Geschmacksparadies. Kräuter verzaubern und beleben in einem Maß, wie es nur ganz wenige Zutaten können. Sie sind mein wertvolles Pendant zu den warmen und erdigen Gewürzen, sie sind bei mir in allen Bereichen der Küche vertreten und das Geheimnis meiner Gerichte – vom Apéro-Snack über Vorspeisen, Fisch, Fleisch bis hin zu den Desserts und Getränken.

Am allerliebsten mag ich den rohen, puren Geschmack der kleinen grünen Helden. Deshalb verwende ich sie gerne nur gezupft oder grob geschnitten und liebe es, sie sehr großzügig und am besten Händevoll einzusetzen. So entstehen Geschmacksexplosionen voll von erfrischenden Aromen, jeder Bissen ist eine Freude und keiner gleicht dem anderen. Was für ein Erlebnis auch, in Ölen, Saucen & Co. ihr ganzes prächtiges Bouquet und ihre volle Farbkraft herauszukitzeln.

Die Farbe Grün ist die Farbe der Mitte. Sie ist die Farbe des Frühlings, der Zufriedenheit und der Lebendigkeit. Dies alles liegt mir und meinem Wesen sehr nahe und es ist mir eine große Freude, im kräuterbegrünten Alltag aus der Fülle der Natur Geschmack, Vitalität und Lebensfreude zu tanken.

Viel Spaß in meiner grünen Küchenwelt der Kräuter!
Ihre Tanja Grandits

Jede Disziplin hat ihre unverwechselbaren Meister. In der Literatur braucht es kaum zwei Sätze, um zu wissen, dass sie von Thomas Bernhard stammen, und die Stimme von Bob Dylan ist so prägnant, dass man sie sogar erkennt, wenn sie wundersame Weihnachtslieder singt.

In der Kulinarik beherrscht Tanja Grandits die Kunst der stilistischen Eindeutigkeit wie niemand sonst. Ein Teller, der aus ihrer Küche stammt, ist auf den ersten Blick zu erkennen, auch wenn nicht nur im »Stucki Basel« präzis und ästhetisch angerichtet wird. Und doch teilt jedes Gericht, das »die Grandits« lächelnd am Pass ihres Restaurants verabschiedet, etwas ganz Besonderes mit: dass Schönheit eine Schwester der Sensibilität ist, der Überraschung und des guten Geschmacks; dass es sich lohnt, auf kleinste Details zu achten, weil ohne sie das Ganze aus der Balance geraten würde; dass ein gelungenes Gericht spektakulär und intim zugleich sein muss.

Tanja Grandits räumt mit großer Selbstverständlichkeit die wichtigsten Meriten der kulinarischen Welt ab. Auch das tut sie lächelnd: als ob dahinter nicht eine Lawine an Aufwand und Arbeit stecken würde. Gleichzeitig lässt sie sich von ihren großartigen Bewertungen aber nicht verführen, die lichten Höhen der Kochkunst, das Spiel exquisiter Zutaten und high-end-mäßiger Zubereitungsmethoden, für alltäglich zu halten. Umgekehrt, sie verliert das Alltägliche nicht aus dem Blick. Wenn Tanja Grandits Rezepte aufschreibt, erzählt sie das, was sie mit ihrer Mannschaft von dezidierten Könnern in der großen »Stucki«-Küche kreiert, so, dass es jede und jeder auch nachvollziehen kann, zu Hause, im eigenen Kopf, am eigenen Herd.

Erstaunlich, was für Resultate man plötzlich erzielt, wenn man dieser Reise zum Geschmack aufmerksam folgt. Plötzlich stellt sich eine solche Vielfalt an Geschmack und eine gestalterische Anmut ein, als hätte man unversehens eine kulinarische Fremdsprache erlernt.

Die Fähigkeit, andere sensibler werden zu lassen: Tanja Grandits besitzt das dafür nötige Einfühlungsvermögen und die seltene Bereitschaft, ihre Rezepte nicht als Visitenkarte für ihr eigenes, sphärisches Können zu veröffentlichen, sondern als Eintrittskarte zu ihrer kulinarischen Welt.

Es ist eine Welt der Farben, der Aromen, der Finesse, der Feinheit. Und sie hat viele Eingangstüren. Als Schlüssel dienen diesmal zum Beispiel der Mittelmeerduft des Rosmarins, die pelzige Brillanz des Salbeiblatts, die rätselhafte Tiefe des Estragons: die belebende Matrix der Kräuter.

Tanja Grandits improvisiert brillant über diesen Motiven, fügt ihnen Passendes hinzu, stellt ihnen Erstaunliches gegenüber. Sie überrascht, erstaunt, inspiriert. Aber gleichzeitig bleibt sie jederzeit sie selbst: die klare Stimme im Konzert der unendlichen Möglichkeiten, die unverwechselbare Stilistin einer eleganten, zeitgenössischen Kreativität.

Christian Seiler

kräuter in der küche

Egal ob im Gartenbeet oder auf der Fensterbank: Kräuter können mit etwas Fürsorge und ohne allzu große Mühe selber gezogen werden. Eigene Kräuter haben natürlich eine größere Bedeutung, denn vom kleinen Keimling bis hin zur schönen Pflanze hat man das Wachstum Tag für Tag mitverfolgen können. Und das sorgt automatisch für einen sorgsamen Umgang in der Küche und beschert einem gleich doppelt Freude. Aber auch für all jene, die keine Möglichkeit haben, selbst Kräuter zu ziehen, sind Kräuter eine große Bereicherung in der Küche. Denn Kräuter bringen mit ihren schönen Aromen – von mild bis grasig, von süß über sauer bis zu würzig-scharf – immer Frische in ein Gericht. Für mich ist es beim Kochen wichtig, den vollen Geschmack des Krauts zu erhalten. Dazu gibt es ein paar wenige, aber wichtige Tipps. Alles dazu erfahren Sie in diesem Kapitel.

ernten

Idealerweise erntet man Kräuter am Vormittag, bevor sie der Sonne ausgesetzt sind. Dann sind sie frisch und voller Saft. Nach Möglichkeit immer an regenfreien Tagen ernten.

Wer Kräuter kauft, findet die beste Qualität auf dem Markt. Man erkennt sie an einer frischen Schnittfläche und einem angenehmen Geruch. Viele Kräuter werden auf dem Markt oder im Laden sogar im Topf angeboten. Damit hat man einen perfekten Vorrat für längere Zeit.

waschen

Kräuter aus dem Garten können etwas staubig sein und sollten nach der Ernte sanft ausgeschüttelt werden. Wenn das nicht reicht, vorsichtig mit kaltem Wasser abbrausen. Dann entweder von Hand trocken schütteln oder in einem Sieb trocken schwenken. Empfindliche Kräuter können vorsichtig von Hand in einem Tuch trocken getupft werden.

aufbewahren

Einmal geerntete Kräuter lassen sich nur bedingt aufbewahren und sollten darum so bald wie möglich verwendet werden. Müssen sie trotzdem gelagert werden oder bleibt etwas davon übrig: einfach in ein feuchtes Tuch einschlagen und in einer luftdicht schließenden Kunststoffdose im Kühlschrank aufbewahren.

verarbeiten

Ich mag es, wenn Kräuter nicht zu klein geschnitten werden; oft zupfe ich sie sogar einfach über ein Gericht. So hat man beim Daraufbeißen ihr volles Aroma.

Ich brate oder frittiere sie gerne kurz in Öl, so hat man einen schönen Kräuterknusper, der überraschend anders schmeckt als das rohe Kraut.

Oft mixe ich sie auch mit den flüssigen Zutaten eines Rezepts und füge sie der Masse oder dem Teig hinzu. So bekommt zum Beispiel ein Briocheteig plötzlich ein Petersilienaroma und eine tolle grüne Farbe.

Stark aromatische Kräuter wie Salbei, Majoran oder Rosmarin vertragen die Hitze und können direkt im Ofen oder in der Pfanne mitgekocht und gebraten werden. Kräuter wie Basilikum, Kerbel, Schnittlauch oder Koriander sind da etwas empfindlicher. Damit sich ihre feinen ätherischen Öle nicht verflüchtigen, immer erst vor dem Servieren zum Gericht geben. Dafür darf es dann für ein schönes Aroma eine große Handvoll sein!

konservieren

Kräuter lassen sich auf verschiedene Arten haltbar machen. Als Pesto verarbeitet, halten sie sich im Kühlschrank sehr gut. Einfach darauf achten, dass das Pesto immer gut mit Öl bedeckt ist.

Am liebsten verarbeite ich Kräuter zu einem Öl. Dafür die Kräuter kurz blanchieren, dann mit Öl fein mixen, etwas ziehen lassen und durch ein feines Sieb oder einen Kaffeefilter abpassieren. So entstehen aus Basilikum oder Petersilie hocharomatische grüne Kräuteröle.

Und wer aus ihnen einen feinen Sirup herstellt, der kann die sommerliche Kräuterkraft sogar bis in die kalten Monate retten.

Es eignen sich nicht alle Kräuter zum Trocknen, aber jene mit harten Stielen wie zum Beispiel Rosmarin, Salbei, Thymian, Verveine oder Minze können problemlos im Backofen bei 30 Grad, im Dörrapparat oder auf einem feinen Holzgitter getrocknet werden. Einmal trocken, kann das Kraut in einem luftdicht verschlossenen Gefäß aufbewahrt werden und nach Bedarf als Ganzes mitgekocht werden.

messer

Das Wichtigste ist eine scharfe Klinge, denn sonst werden die Kräuter gequetscht statt geschnitten, was ihr Aroma und ihre Farbe beeinträchtigt. Darum immer mit einem scharfen Messer schneiden, das ruhig eine gewisse Größe haben darf. Denn so können die Kräuter mit einer wiegenden Bewegung schön geschnitten werden. Ich schneide sie manchmal nur ganz grob mit dem Messer. Das gibt ein schönes Mundgefühl, wenn man beim Essen richtig auf die Kräuter beißen kann.

sieb, teesieb

In Suppen, Rahm, Desserts oder Getränken lasse ich Kräuter als Ganzes oder grob geschnitten ziehen. Nach dem Aromatisieren einfach durch ein feines Sieb passieren.

mörser

Für Pesto oder Pasten mit Kräutern kann man auch den Mörser verwenden. Durch das sorgfältige Zerreiben mit Knoblauch, Öl und Gewürzen erhält man eine sehr feine Konsistenz. Und getrocknete Kräuter lassen sich darin zusammen mit Salz zu einem aromatischen Kräutersalz verarbeiten.

schere

Ich ernte meine Kräuter im Garten mit einer scharfen Schere. So können gut entwickelte Triebspitzen oder die zarten kleinen Blättchen mit der scharfen Kante schön abgeknipst werden.

mixer

Ein guter Standmixer zerkleinert Kräuter in Suppen, Saucen und Smoothies. Ich verwende ihn aber auch für Pürees, Pestos oder einen feinen Kräuterhonig.

milde

Sie sind die stillen Helfer, wenn aus einem Grundprodukt der Eigengeschmack zart herausgekitzelt werden soll. Im Garten sind milde Kräuter wie Sisho, Borretsch oder Erdbeerspinat ein Zauber fürs Auge und auch auf ganz einfachen Gerichten wie einem Radieschenbrot die reinste Pracht. Ernten Sie großzügig, denn milde Kräuter lässt man am besten aus vollem Herzen und mit vollen Händen über Salate und Gemüse regnen.

petersilie glatt

japanische petersilie
mitsuba
petersilie
glatt
petersilie kraus

petersilie

»Denpeter« hat meine Tochter Emma ihn immer genannt und meinte damit die Petersilie. Es ist wohl das Gewürzkraut schlechthin, das als winterharte, mehrjährige Pflanze in vielen Gärten wächst und das fast jeder mag. Ich bevorzuge die glatte Petersilie; sie hat ein schönes Aroma und auch in den orientalischen Küchen ihren festen Platz. Doch egal ob kraus oder glatt, Petersilie hat einen frischen, feinen Geschmack und passt damit in viele klassische Gerichte. Sie hat die Gabe, einem Gericht am Ende noch Frische zu verleihen, hebt den Geschmack und gibt nochmals einen aromatischen »Kick«. Ich verwende darum gerne ein Petersilienöl, wenn einem Gericht auf dem Teller noch etwas Frische fehlt.

Ich mag Petersilie unglaublich gerne im Taboulé; sie hüllt das ganze Gericht in ihr knalliges Grün und lässt ihre geballte Kraft sofort herausschmecken. Aber auch in grüne Smoothies kommt Petersilie mit hinein. Ich frittiere sie auch gerne ganz kurz und gebe sie zu Fisch, Geflügel und Suppen. Oder ganz viel Petersilie im Kartoffelpüree – ein Traum!

Petersilie harmoniert wunderbar mit Zitrone, Knoblauch, Hülsenfrüchten und eigentlich allem Gemüse. Sie lässt sich gut mit Minze, Pfeffer oder Kapern mischen.

Früher wurde Petersilie als Heilkraut in den Klostergärten angebaut und hat ihren Weg erst später in unsere Küchen gefunden. Ihr hoher Anteil an Vitamin A und C sowie Eisen wirkt belebend und regt die Verdauung an.

mitsuba

Keine Angst vor fremden Kräutern! Ich habe schon vor zehn Jahren das erste Mal die Japanische Petersilie Mitsuba in meinem Garten angebaut und empfinde sie bis heute als eine große Bereicherung.

Mitsuba steht für das japanische Wort für »drei Blätter«. Und in der Tat sind die langstieligen Laubblätter dreiteilig, genau so als hätte jemand drei Federn an einen Stiel geheftet. Ein wunderschönes Kräutlein, die Farbe supergrün und die ovalen Blättchen am Rand doppelt gesägt.

Das Aroma ist wie die Pflanze: sehr zart. Irgendwie erinnert es mich an Kerbel, denn das Aroma ist leicht säuerlich und schmeckt ganz dezent nach Nelken.

Ich mag Mitsuba als Tempura ausgebacken, sie schmeckt aber auch fein in kurzgebratenem Gemüse aus dem Wok. Mitsuba verfeinert Wurzelgemüse, Reis oder Fisch. Und genau wie der Japanische Shiso passt Mitsuba zu Basilikum und Ingwer. Wer Schnittlauch oder Sesam mit Mitsuba mischt, kreiert eine kleine aromatische Zauberei.

shiso rot
shiso grün
gartenmelde

shiso

Shiso ist mein neuer Liebling im Gartenbeet. Oder wie wir in Europa sagen: Perilla. Das Würz- und Heilkraut wächst in frischem Grün oder warmem Dunkelrot in breiten, ovalen Blättern mit schöner Spitze. Es gedeiht wunderbar in hiesigen Gärten, wird bis zu 1,5 Meter hoch, ist allerdings nur einjährig.

Die schönen Blätter sind ein Zauber fürs Auge und sie schmecken auch köstlich: süßlich und doch zurückhaltend. Wer dem Geschmack seine ganze Aufmerksamkeit schenkt, schmeckt auch Holz, Zitrus, Zimt oder Kümmel heraus.

Frisch geerntet, schmecken die Blätter natürlich am besten. Ich frittiere sie mit etwas schwarzem Sesam gerne zu Tempura. Eine kleine Delikatesse! Shiso ist in Pastagerichten eine wunderbare Abwechslung zum Basilikum. Sie harmoniert aber auch mit Basilikum, passt zu Ingwer, Wasabi oder dem Japanischen Sanshopfeffer. In Japan wird Shiso dem eingelegten Ingwer beigefügt, dem es die rote Farbe verleiht.

Es braucht wenig Zutaten, um auf dem Teller zu strahlen: etwas Frischkäse, Avocado,Tofu, Pasta oder Gurke, ins Shisoblatt gewickelt, ergibt einen schnellen frischen Snack. Und wenn mein Pâtissier Julien sein Rhabarber-Shiso-Dessert auftischt, ist das für mich ein perfekter Abschluss eines Menüs.

gartenmelde

Die Gartenmelde hat einiges zu bieten: Sie ist älteste Kulturpflanze, Gemüse, Salat-, Färber- und Zierpflanze gleichermaßen. Gartenmelde gibt es in harmonischem Grün und leuchtend intensivem Dunkelpink. Mir hat es aber auch ihre gekreuzte Version angetan, bei der sich im Blatt knalliges Pink mit Grün mischt. Sie merken sofort, die Gartenmelde ist ein Blickfang im Garten, und natürlich sind ihre schönen Blätter auch ein Highlight in einem Gericht.

Früher wurde die Gartenmelde als Gemüse kultiviert. »Spanischer Salat« heißt sie auch, was nicht weit hergeholt ist, denn ihr Aroma erinnert stark an Spinat. Sie schmeckt großartig in Salaten, wo sie es vor allem mit dem Aroma von scharfen Blättern wie Rucola oder Brunnenkresse problemlos aufnehmen kann. Auch harmoniert sie mit Kresse, Fenchel oder Sauerampfer.

Und das Gärtnerherz in mir freut sich, dass gerade mal ein Monat zwischen Aussaat und erster Ernte vergeht und sie danach schnell bis zu 1,5 Meter hoch wächst. »Bonne Femme« sagt man ihr in Frankreich. Ich bin froh, hab ich doch mit der Gartenmelde die »gute Frau«, die gute Seele, in meinem Gartenbeet.

mönchsbart
borretsch
erdbeerspinat

mönchsbart

Er ist nichts für den eigenen Garten, es sei denn, Sie wohnen im Tessin oder in Norditalien, wo der Mönchsbart auf Salzwiesen wächst. Auch als Hirschhornwegerich oder Krähenfußwegerich bekannt, war er lange in Vergessenheit geraten und erlebt zurzeit (zu Recht!) einen regelrechten Boom. Aromatisch spannt er den Fächer weit auf: von säuerlich, salzig bis bitter. Und dabei aber doch mild!

Ich mag ihn, weil er so knackig und frisch ist, und esse ihn gleich roh. Er kann aber auch kurz angedünstet werden. Als Salatpflanze passt er natürlich zu ebendiesen, vor allem zu Salaten mit Gurke oder zu Blattsalaten. Er harmoniert aber auch mit Fisch und Meeresfrüchten und natürlich als grüne Zugabe zu Pastagerichten.

Weil Farbe und Aroma oft Hand in Hand gehen, passt der grüne Mönchsbart zu frischem Dill, Gewürzfenchel und Petersilie.

borretsch

»Gurkenkraut« sagt man und meint damit Borretsch. Diese Bezeichnung kommt nicht von ungefähr: Borretsch schmeckt frisch und gurkig. Borretsch ist ein Raublattgewächs, seine Blätter haben eine haarige, leicht borstige Oberfläche. Im Umgang sind sie aber gänzlich unkompliziert. Die Blätter einfach immer frisch ernten, bevor man sie in der Küche verwendet. Die jungen Blätter sind ein schönes Kraut, um Salate, Saucen und Suppen zu würzen. Die großen, ausgewachseneren Blätter schmecken toll, wenn man sie als Spinat kocht oder knusprig in Öl ausbackt.

Borretsch gedeiht in unseren Gärten ganz wunderbar und wird bis zu 1 Meter hoch. Er sorgt dafür, dass schwere Böden gut und tief durchwurzelt werden. Und weil seine Blätter üppig behaart sind, meiden ihn die Schnecken, wodurch er neben Kohlgewächse gesetzt Schädlinge abwehrt.

Sobald die Pflanze genügend Sonne vom Himmel geschickt bekommt, verfärben sich ihre Blüten von zartem Pink zu Blau und nehmen dabei geradezu die Farbe des Himmels an. Die sternförmigen Blüten sind im Sommer eine tolle Garnitur. Das kleine, feine Detail, das auf dem Teller den großen Unterschied macht. Kein Wunder also, dass Borretsch auch »Himmelsstern« heißt!

erdbeerspinat

Obwohl er eine schöne Delikatesse aus dem Bauerngarten ist, ist Erdbeerspinat etwas in Vergessenheit geraten. Lassen Sie sich vom Namen nicht in die Irre führen: Weder Blätter noch Beeren schmecken nach Erdbeeren. Der Name hat wohl mit dem Aussehen zu tun, denn in den Blattachseln wachsen rote, saftige Früchtchen, die mit ihrem schönen Aussehen an Erdbeeren erinnern, dabei aber wenig aromatisch sind: In Salsas und zu Fleisch kommen die Beeren aber trotzdem zur Geltung.

Die Pflanze ist einjährig und kann je nach Witterung zügig wachsen: Schon nach sechs bis sieben Wochen kann geerntet werden. Dabei wird sie bis zu 80 Zentimeter hoch.

Ich schätze die rohen Blätter des Erdbeerspinats in knackigen Gemüsegerichten. Er ist aber auch eine überraschende Zugabe zu Salaten, passt zu Fisch und Meeresfrüchten. Mit seinem leicht grasig-säuerlichen Aroma ist er im Sommer eine schöne Alternative zu Spinat.

Aromatisch findet der Erdbeerspinat seine Ergänzung in Rucola, Sauerampfer oder Gewürzfenchel. Höchste Zeit also, den hübschen Erdbeerspinat im Gemüsebeet und in der Küche wiederzuentdecken!

süße

Egal ob kalte oder warme Speisen veredelt werden sollen, die süßen Kräuter verfehlen ihre Wirkung nie. Gerade der Basilikum, mein absoluter Liebling, vereint so viele Aromen – von frisch bis würzig über grasig bis süß. Er unterstreicht damit meine Art zu kochen sehr und schafft es dabei immer, mit seiner Farbe und seinem Aroma den Zutaten zu schmeicheln. Es ist das »königliche Kraut« und immer ein feierlicher, prächtiger Genuss.

lorbeer

lorbeer
aniskraut
pandanblatt

lorbeer

»Heiliger Baum« nannte man ihn in der Antike, was nicht verwundert, denn sein süßes Balsamaroma mit einem Hauch Muskat und etwas Säure hat etwas Beseligendes. Lorbeer lässt sich problemlos im Topf ziehen und darin überwintern.

Lorbeer ist für mich eine Kindheitserinnerung: Meine Mutter hatte immer getrockneten Lorbeer für Saucen und Brühen in ihrem Küchenschrank. So habe ich ihn als trockenes Kraut für Fonds kennengelernt. Und noch heute verwende ich ihn für Fonds, aber auch für Saucen, Suppen, Marinaden und eingemachte Pickles. Lorbeer gibt sein Aroma nur langsam ab, darum passt er perfekt in Eingemachtes oder als Teil des Bouquet garni für Saucen. Frisch geerntet, hat Lorbeer etwas Bitteres; geben Sie ihm aber zwei Tage Zeit, verfliegt die Bitterkeit von allein.

Ich nehme ihn gerne zur Hand, wenn Gerichte mit Fisch, grünem Gemüse, Geflügel, aber auch ein Reis- oder Linsengericht verfeinert werden sollen. Und ganz toll: Lorbeer im Beerenkompott oder Salat mit Zitrusfrüchten!

Wenn Sie ihn mit anderen Kräutern kombinieren wollen, eignen sich Bohnenkraut, Knoblauch, Petersilie oder Salbei. Und fehlt in einem Gericht mit Lorbeer noch die letzte Würze, sorgt ein Hauch Piment für Abrundung.

Eins darf man dabei aber nie vergessen: Sorgsam dosieren, denn Lorbeer kann schnell zu stark sein. Und bevor das Gericht auf den Tisch kommt, flink noch die Blätter herausfischen.

pandanblatt

Ich liebe das Aroma dieser schönen glänzenden Blätter.

Ihren Duft entwickelt die Pflanze erst beim Erwärmen, dann aber entfaltet sich der grasige, moschusartige Geschmack, der auch etwas an Rose erinnert. Für die indonesische Küche ist das Pandanusblatt unverzichtbar – die Blätter des Schraubenbaums aromatisieren nämlich ihren Pandan-Reis, dessen Aroma man sich ähnlich wie das des Basmatireises vorstellen kann: blumig und frisch.

Zwar kann man Pandanblatt im Garten ziehen, einfacher geht es aber mit Blättern aus dem Asiashop. Und natürlich gehört es in der Küche in den Reis. Dazu das Blatt mit der Gabel etwas anritzen und mitkochen. Das Blatt eignet sich auch wunderbar, um darauf allerlei im Bambuskörbchen zu dämpfen. Was aber genauso lecker ist: Fleisch und Fisch damit umwickeln und so braten oder garen. Ein Traum!

Pandanusblatt passt in Currygerichte, zu Reis und Hülsenfrüchten. Es ergibt mit Zitronengras, Chili, Koriander oder Ingwer einen aromatischen Einklang.

aniskraut

Ursprünglich aus Amerika, ist die Duftnessel bei uns noch nicht allzu bekannt. Nichtsdestotrotz wuchert die schöne Pflanze mit ihrer großen, aufrechten Blütenkerze bei mir im Kräuterpflanzsack. Ich kann Ihnen die Duftnessel nur ans Herz legen, denn damit haben Sie wunderschöne violett blühende Riesenbüsche, die dem Kräutergarten ein schönes Volumen geben.

Die Duftnessel heißt auch Aniskraut bzw. Anis-Ysop, denn ihre Blüte sieht dem Ysop sehr ähnlich. Zwar ist auch das Aniskraut ein Lippenblütler, gehört aber der Pflanzengruppe der nordamerikanischen Agastachen an. Dort wurde sie ursprünglich als Futter- und Heilpflanze verwendet, in Europa hingegen als Futterpflanze für Bienen eingeführt. Naturheilkundler schwören auf ihre entzündungshemmende und verdauungsfördernde Kraft. Ein Tee aus getrockneten Blättern wirkt Wunder.

Das intensivste Aroma haben die Blätter noch vor der Blüte – es ist eine natürliche, aber sehr ausgeprägte Süße mit Anisaroma. Damit passen sie zu Karotten, Kürbis oder Pastinaken. Die ganzen Blätter können aber auch wunderbar in einen Salat gegeben oder gehackt unter Basmatireis gemischt werden. Die Duftnessel passt mit ihrer anisartigen Süße auch zu Früchten und Tomaten. Wer sie gerne mit anderen Kräutern mischen möchte, bedient sich einfach bei Basilikum, Estragon oder Kerbel.

basilikum
zitronenbasilikum
griechischer
basilikum

basilikum

Basilikum gibt es in einer unglaublichen Artenvielfalt. Würzig süßer Zitronenbasilikum, kräftiger griechischer Buschbasilikum, anisartiger Thaibasilikum oder der mexikanische Gewürzbasilikum mit seiner warmen Zimtnote. Die African Blue ist meine Königin unter allen Sorten. Die Farbe, das Aroma – mir gefällt einfach alles an ihr. In der Tat ein »königliches Kraut«. Der Name wird von *basileus*, dem griechischen Wort für König abgeleitet. Und so stehen zwei große African-Blue-Basilikumbäume an unserer Türe und begrüßen die Gäste mit ihren pinkfarbenen Blüten, ihren grünen Blättern mit dunkelvioletten Adern und ihrem schönen Duft.

Natürlich passt Basilikum zu allen Gerichten mit Tomate. Aber auch zu Fisch schmeckt er großartig und zu allen Gemüsesorten, die eine leicht süße Note haben, wie etwa Karotten, Kürbis oder Pastinake. Im Frühsommer ist das Kraut herrlich zu Spargel, im Hochsommer aromatisiert es pflückfrische Sommerbeeren.

Will man Basilikum konservieren, eignet sich die Verarbeitung zu einem knallgrünen Öl besonders gut. Dieses harmoniert mit Joghurt, in Gerichten mit Frischkäse, passt aber auch zu Minze, Knoblauch, Rosmarin und Thymian oder wird als Sirup mit etwas Mineralwasser im Nu zu einem erfrischenden Sommeraperitif.

Basilikum wächst in der Regel einjährig. Sorten wie zum Beispiel African Blue oder den türkischen Buschbasilikum kann man aber problemlos überwintern. Im Gartenbeet oder Topf ist er keine allzu empfindliche Pflanze, solange sie in der Wachstumszeit einen schön sonnigen Platz hat. Bei der Ernte ist darauf zu achten, die mittleren Triebe noch vor der Blüte abzuknipsen. Das geht gut von Hand und bereitet mir immer großen Spaß. Bei der Zubereitung ist eine Sache ganz wichtig: Die Blätter nie hacken, sondern lediglich mit einem scharfen Messer wiegend schneiden. Wird Basilikum zerdrückt, verliert er seine schöne Farbe, wird schwarz, und sein schönes Aroma leidet ebenfalls. Und das darf ihm auf keinen Fall passieren, dem royalen Genuss.

roter basilikum
thaibasilikum
african blue basilikum

»

Die African Blue ist meine Königin unter den Basilikumsorten. Die Farbe, das Aroma – mir gefällt einfach alles an ihr. In der Tat ein ›königliches Kraut‹.

zitrusartige saure

Sie schmecken wie die pure Frische! Saure und zitrusartige Kräuter erfrischen und beleben mit ihrem spritzigen Aroma. Es sind reine, volle Aromen, die anregend wirken. Ein Tee oder aromatisiertes Wasser aus Verveine, Zitronenmelisse oder Zitronengras hat immer einen wohltuenden Effekt. Es sind Kräuter, die unsere Geschmacksknospen schön wach und den Geist ganz klar halten.

kaffirlimettenblätter

radieschengrün
sauerklee
kaffirlimettenblätter

radieschengrün

Im Radieschengrün steckt die ganze Kraft, die meisten Nährstoffe der Pflanze. Nicht nur die knackigen Knöllchen, sondern auch die Blätter des Radieschens zu verwenden, entspricht ganz meiner Philosophie, alle Teile einer Pflanze zu nutzen. Beim Radieschen erst recht! Die Blätter sind säuerlich aromatisch und schmecken vital und frisch. Und sind dabei noch gesund. Ein grüner Smoothie mit Radieschengrün liefert Phosphor und Kalzium, das uns beim Knochenaufbau hilft und als reinster Wundertrank bei Husten wirkt.

Blätter immer ganz frisch und nach Möglichkeit jung ernten. Dann in Salate, in knackige Gemüsegerichte geben oder als Spinat zubereiten. Ich liebe sie aber auch ganz fein geschnitten im Risotto oder als Süppchen zubereitet. Fehlt Kartoffeln und Eiern der Pfiff, bringt Radieschengrün eine ordentliche Portion Kräuteraroma. Aromatisch ergänzt es ganz fein Sauerampfer, Kerbel oder Petersilie. Und als Pesto zubereitet – eine traumhafte Kräuterkraft.

sauerklee

Es ist für mich der wertvollste Schatz, den Wald und Wiese bergen. Und es ist jedes Mal ein Freudentag, wenn meine Kräuterfee Franziska mit einem Körbchen Sauerklee aus dem Wald in meine Küche wandert. Eigentlich alles begeistert mich daran: Die feinen pinkfarbenen Stiele, die er hie und da hat. Die gefiederten Blätter, die für mich ein ganz starkes Symbol für Vitalität darstellen. Und die Blüten erst! Blassrosa und optisch wie auch aromatisch reinster Zauber. Kaum ist der Sauerklee in meiner Küche, gibt es für mich kein Halten mehr, dann wird er großzügig, quasi als »Aromahaube« über Gerichte gestreut: auf Salate, rohen Fisch oder ein Fleischtatar, auf Suppen oder zu grünem Gemüse. Nicht zwingend, aber gerne auch in Kombination mit Ingwer oder Petersilie. Er verströmt ein zitronig-säuerliches, erfrischendes, ganz leicht erdiges Aroma. So schmeckt es doch, das pure Leben!

kaffirlimettenblätter

Wenn ich an Kaffirlimettenblättern rieche, wandern meine Gedanken automatisch nach Asien. Die Blätter strahlen mit schönem Glanz und sorgen in der Küche für eine zauberhafte Frische, wenn sie so blumig zitronig und leicht pfefferig riechen. Fast magisch ist dieses Aroma, kein Wunder, wird Kaffirlimettenöl sogar für Parfums verwendet, wo es dem Duft eine besondere Note verleiht.

In der Küche wird das Kaffirlimettenblatt meist als Ganzes mitgekocht, zum Beispiel in Suppen. Man kann das Blatt aber auch ganz fein hacken und einem Gericht zum Schluss beigeben, das verleiht ihm dann eine besondere Frische. Ich mag Kaffirlimettenblätter zu allen Früchten, zu Wok-Gemüse, aber auch in Desserts. In Reisgerichten wie dem Pilaw gare ich es als ganzes Blatt mit. Aromenkombinationen gelingen mit Ingwer, Galgant, Chili, Koriander oder Zitronengras.

Die Blätter stammen vom Kaffirlimettenbaum, einem tropischen Gewächs, das auch hierzulande im Topf und bei hoher Luftfeuchtigkeit und viel, viel Sonnenlicht gedeiht. An den dünnen, dornenbewehrten Ästen wächst das Kaffirlimettenblatt gleich als Doppelblatt. Mir soll es recht sein: The more, the merrier!

zitronenmelisse
zitronengras
zitronenverbene
(verveine)

zitronenmelisse

Bei dieser Melisse hält der Name, was er verspricht: Die Zitronenmelisse hat ein schönes Zitrusaroma und lockt mit ihren weißen oder gelben Blüten erst noch die wertvollen Bienen an. Ich ziehe sie im Topf, denn die buschige Staude breitet sich im Kräuterbeet mit voller Kraft aus (und bahnt sich unterirdisch sogar ihren Weg durch die Spalten zwischen Pflastersteinen). Aromatisch ein wertvolles Kraut, das mit Sorgfalt verwendet werden muss, denn ihr Duft entweicht nur allzu schnell. Die leicht zerdrückten Blätter duften stark zitronig, mit einem Schuss Minzaroma. Große, alte Blätter können leicht muffig riechen, darum immer junge Blätter noch vor der Blüte ernten.

Natürlich passt die Zitronenmelisse in frische Süßspeisen mit Melone, saisonale Fruchtkompotts, zu frischen Beeren und Sorbets. Ich mag ihre Frische aber auch in der Gemüseküche, würze damit Karotten, Erbsen oder Tomaten. Herrlich aromatisiert sie aber auch Geflügel, passt zu Jakobsmuscheln oder bringt eine schöne Frische in Marinaden zu Fisch. Oft ist die Zitronenmelisse das gewisse Etwas in einer Kräuterbutter. Kombinieren kann man sie wunderbar mit Dill, Ingwer oder frischer Minze.

Ein Tee aus frischer Zitronenmelisse ist für mich die reinste Wohltat und bringt nach einem anstrengenden Tag die wohlverdiente Entspannung.

zitronengras

Ich war schon früh von Zitronengras und seinem reinen, blumigen Zitrusaroma angetan. Seine Schönheit liegt für mich aber auch in den hübschen, langen Blättern, die die Halme so schön umhüllen. Genau so, als wär's ein zierlicher Schilfstängel.

Ursprünglich in Asien beheimatet, gibt es auf der Welt über fünfzig Arten Zitronengras. Und das Beste daran: Es wächst auch in hiesigen Gärten und kann bis zu einem Meter hoch werden. Was für eine Pracht!

Im Nu wird aus diesem zitrus-ingwer-ähnlichen Aroma ein herrlicher Tee gebrüht oder Suppen, Fonds, Currysaucen oder Desserts mit exotischen Früchten und Milchprodukten aromatisiert. Ein Sorbet mit Joghurt und Zitronengras? Purer Genuss! Zitronengras passt aber auch zu Meeresfrüchten, Fisch, Gemüse oder Geflügel und lässt sich wunderbar mit Chili, Ingwer oder Koriander mischen.

Ein kleiner Trick für die Verarbeitung: Indem man das Zitronengras mit dem Messerrücken etwas klopft, weckt man die feinen ätherischen Öle in den keulig verdickten Blättern, sodass sie sich beim Kochen optimal entfalten können. Verwendet wird insbesondere der untere, helle Teil; die grünen Blätter schmecken sehr grasig.

Noch ein schöner Effekt beim Kochen mit Zitronengras: Wenn man es schneidet, ertönt ein frisches Knacken, bei dem ich sofort das belebende Aroma schmecke. Es ist die reinste Wohltat, sogar für die Ohren.

zitronenverbene

Ein Zitronenverbenen- oder Verveinestrauch gehört in jeden Kräutergarten. Weil es einfach das beste Kraut für frische und anregende Kreationen ist. Schon ein paar Blätter im Trinkwasser beleben Geist und Körper.

Die eleganten, schmalen Blätter sind zart und strahlend grün; sie enthalten viel ätherisches Öl. Wer mit den Fingern über die Blätter fährt, erlebt die reinste Aromatherapie. Die Pflanze ist relativ robust und verträgt Temperaturen bis zu minus fünf Grad. Ich ziehe Verveine in Töpfen, so kann ich sie gut im Gewächshaus überwintern und im Sommer ins Sonnenlicht stellen. Keine Zurückhaltung beim Schnitt, der Strauch verträgt ihn gut und bedankt sich mit regem Wachstum. Dafür braucht er aber auch ordentlich Wasser.

Verveine schmeckt intensiv zitronig, leicht grasig, aber nie säuerlich. Ich kombiniere sie gerne mit Ingwer, Knoblauch, Chili, Basilikum oder Minze. Auch nehme ich sie immer zur Hand, wenn Desserts, Gerichte mit Milchprodukten, grünes Gemüse, Salatdressings oder ein Essig verfeinert werden sollen. Zum Kochen ist sie sehr unkompliziert: In Reis kann ein Stängel Verveine mitgekocht werden, und bei einem ganzen Fisch oder Poulet einfach einen großen Strauß Verveine in den Bauch legen, wo sie dann während des Kochens ihr Aroma verströmt. Sie passt zu allen Früchten, zu Fisch und zu Karotten.

Und nach dem Essen gibt es für mich nichts Besseres als einen Tee aus frischer Verveine.

blutampfer
römischer
ampfer
sauerampfer

sauerampfer

Mit Sauerampfer verbinde ich eine schöne Kindheitserinnerung: Ich habe ihn immer auf den Wiesen gepflückt und mich über den schönen sauren Geschmack gefreut. Die Freude ist bis heute ungebrochen, wenn bei uns der Sauerampfer als erstes Kraut im Frühling aus der Erde schießt. Je mehr man ihn erntet, desto besser wächst er. Er ist sehr robust und macht kein Aufhebens, wenn die Temperatur etwas fällt.

Kulinarisch ist er ein lustiges Kraut: Er riecht nämlich nicht, sondern schmeckt nur säuerlich-herb, leicht scharf und bitter. Es gibt allerdings unterschiedliche Arten: der Römische Ampfer, den man auch unter dem Namen Schildampfer kennt, und den Blutampfer mit seinen schönen roten Adern im grünen Blatt.

Ich rate Ihnen, Sauerampfer immer frisch und ungekocht zu verwenden. Sobald er warm wird, verfärbt er sich braun. Leider lässt er sich auch nicht gut konservieren, also bleibt nur der frische Genuss!

Dieser ist zudem auch noch gesund, denn Sauerampfer steckt voller Vitamin C und ist seit der Antike ein beliebtes Heilmittel, wenn es im Bauch rumort. Weil er auch Oxalsäure enthält, sollte er in maßvollen Mengen konsumiert werden.

Er passt zu Petersilie, Dill, Estragon und Limette. Ich mag ihn zu Apfel, Tomate, Gurke, Lachs oder Geflügel. Und weil Aroma und Farbe oftmals Hand in Hand gehen, passt Sauerampfer in Desserts mit grünem Obst, in die Salsa verde und natürlich als Blickfang und aromatisches Highlight im grünen (Tomaten-) Salat oder der Gurkensuppe.

anisartige

Es ist ein Wechselspiel, das ich sehr liebe, wenn frisches Kraut auf warmes Anisaroma trifft. Der aromatische Gegensatz sorgt trotzdem für Ausgeglichenheit im Gericht. Die anisartigen Kräuter haben nämlich die große Gabe, den Geschmack schön abzurunden. Und sie machen dabei alles bekömmlicher. Ich dosiere sie gerne üppig und bette zum Beispiel Fisch auf ein luftiges Kissen von Fenchelstielen und streue Dill großzügig über Kartoffelsalat. Wie schön, wenn die zierlich gefiederten, feinen Blättchen von Hand über Suppen oder Salate gezupft werden.

Der Gewürzfenchel ist unter den anisartigen Kräutern mein König, und seiner Blüte gehört mein ganzes Herz. Denn die Blüten sind an Süße und Aroma einfach nicht zu übertreffen. Und dazu verbreiten sie mit ihren schönen Blütendolden im Kräutergarten und auf dem Teller ihren Zauber.

dill

kerbel
dill
estragon

kerbel

Immer wenn der einheimische Kerbel auf dem Markt erscheint, weiß ich: Der Frühling ist da! Er bringt mit seinem Vitamin C den Kreislauf in Schwung. Seine ätherischen Öle und Bitterstoffe kurbeln Nierentätigkeit und Verdauung an und vertreiben damit die Frühjahrsmüdigkeit.

In der Küche ist dieses zierliche Kraut eine große Freude: Süßlich, anisartig im Geschmack, hat es trotz seiner grazilen Blättchen doch etwas leicht Pfeffriges. Es schmeckt auch ein bisschen nach Petersilie, Kümmel und Haselnuss.

Im Gartenbeet ist er nicht allzu zimperlich: Seine Saat ist frostresistent, und so kann er meist schon nach sechs bis acht Wochen geerntet werden. Wer ihn oft schneidet, bewirkt, dass er dadurch schneller wächst.

Kerbel ist ganz typisch für die französische Küche. Ich mag ihn gerne in Suppen, Saucen, in der Vinaigrette oder im Gemüsesalat. Er passt aber auch vorzüglich zu Fisch und Gemüse wie Erbsen, Bohnen und dem aromatisch verwandten Fenchel.

Weil der Kerbel so superzart ist, passt er sich vielen Aromen an und ergänzt viele andere Kräuter. Ich kombiniere ihn am liebsten mit Basilikum, Estragon, Dill oder Thymian. Und weil seine Stängel so zart sind, kann man sie gleich mitverwenden.

Früher war es in den Sternerestaurants gang und gäbe, die Gerichte mit einem Kerbelzweig auszugarnieren. Es verwundert kaum: Mit seiner zierlichen Art verleiht er vielen Gerichten einen kleinen, feinen Glanz.

dill

Nach all den Jahren, in denen ich meine ganze Aufmerksamkeit dem sorgsamen Schmecken und der perfekten Aromenkombination schenke, kommt mir bei Dill trotzdem als Erstes der Klassiker in den Sinn: Gurkensalat. Ein Gedicht, wenn fein gehobelte Gurkenscheiben mit Säure, einem Schuss Süße und vor allem viel fein geschnittenem Dill dressiert werden.

Auch herrlich: ein schöner Lachs mit Honig-Dill-Sauce. Oder Lachs, der für Graved Lachs unter Unmengen von Dill zum Beizen begraben wird. Dill ist ein typisches Fischgewürz, ich setze ihn aber auch gerne zum Würzen von Gemüsegerichten ein. Er verfeinert eine Suppe oder einen Salat aus Roter Bete, gehört in jedes Glas eingemachter Gurken, passt aber auch zu Karotten, Spinat oder Kartoffel.

Dill ist eine einjährige Pflanze, und einmal in die Höhe geschossen, verzaubern seine schönen Döldchen den Kräutergarten.

Seinen Partner findet er im Kräuterbeet in Basilikum und Petersilie. Er passt mit seinem klaren Anis-Zitrus-Aroma aber auch toll zu Meerrettich. Er ist mild im Geschmack, sein Aroma hält aber dank einem Hauch von Schärfe und Kümmel lange an.

Man findet auf der ganzen Welt Gefallen am Dill: Die Skandinavier backen ein feines Brot mit Dillsamen, im Iran und in der Türkei streut man Dill in den Reis oder legt ihn in gefüllte Weinblätter. In Vietnam werden seine fein gefiederten Blätter über klare Suppen gezupft.

estragon

Es gibt eine Handvoll Lieblingsprodukte in meiner Küche, die Estragon enthalten. Estragon hat etwas Geheimnisvolles. Ich schmecke aus ihm Anis, Fenchel und Basilikum heraus. Er hat aber auch etwas Herbes, an Tanne Erinnerndes. So oder so: Sein Aroma ist intensiv und hat einen langen, schönen Nachgeschmack.

Beim Anbau unterscheidet man zwischen zwei Sorten: dem russischen und dem französischen. Während sich der russische nicht zum Würzen eignet, steckt der französische voller Aroma. Im Garten ist ihm an einem sonnigen Plätzchen in lockerer Erde am wohlsten, wo er bis zu einem Meter gen Himmel schießt.

Estragon ist aus der französischen Küche nicht wegzudenken, und die »Fines Herbes«-Gewürzmischung kommt ohne ihn nicht aus. Auch ich würde ihn aus meiner Küche niemals hergeben. Seine feinen Blätter werden frisch gezupft einfach über Gerichte gestreut oder kurz frittiert als Kräuterknusper verwendet. Wir bereiten in unserer Küche einen Estragonsirup zu – es ist eine Art Zaubermarinade, die rohe Gemüsesalate so richtig wachküsst. Neben Salaten, Saucen und Suppen passt Estragon aber auch zu Fisch, Kartoffeln, Artischocken und natürlich zu Spargel.

Mit seinem süßholz-anisartigen vitalen Aroma ist er ein perfekter Partner zu Schnittlauch, Lorbeer und dem ebenfalls anisartigen Kerbel.

gewürzfenchel
bronzefenchel
dill
fenchelkraut

gewürzfenchel bronzefenchel

Der Gewürzfenchel ist mein König. Seiner allerfeinsten gelben Blüte, an der ich mich kaum sattsehen kann, gehört mein ganzes Herz. Kein Wunder also, dass er ein ganzes Feld vor meinem Haus einnimmt, wo er bis zu zwei Meter in den Himmel schießt und meinen Garten wunderschön ziert. Der Gewürzfenchel ist winterhart, darf aber nie neben Dill gepflanzt werden, weil sonst aromatisch langweilige Kreuzungen entstehen.

Im Aroma ist er frisch, süßlich und natürlich anisartig; geschmacklich etwas weniger stark als Dill, jedoch herber als Anis und mit einem Hauch von Kampferkraut. Sein Aroma harmoniert wunderbar mit Minze, Kreuzkümmel, Zimt, Thymian und grünem Pfeffer.

Seine gefiederten, zierlichen Blätter zupfe ich gerne in Salate, Saucen oder über Fischgerichte. Als ich als junge Köchin in der Provence wohnte, wurden dort Fische auf Fenchelstiele gebettet und dann im Ofen gebacken. Einfach köstlich! Ich nehme ihn gerne her zum Verfeinern von Meeresfrüchten, Fisch, Geflügel, Lauch, Gurke, Roter Bete, Tomaten, aber auch Reis.

Eng verwandt mit dem Gewürzfenchel ist der Bronzefenchel. Er wächst im Garten etwas weniger kräftig und hat ein milderes Aroma. Weil ich aber auch in Farbharmonien koche und anrichte, schätze ich seine sonnentrunkene bronzene Farbe sehr. Ein Zweiglein Bronzefenchel veredelt Gerichte optisch auf wunderbare Weise.

bittere herbe

Bittere und herbe Kräuter bringen uns richtig in Schwung. Sie machen Appetit auf mehr und helfen dem Körper beim Verdauen. Es ist ein spannender Aromenbereich, der schon beinahe aus unserem Geschmacksrepertoire verschwunden ist. Feiern wir doch sein Comeback, denn bittere und herbe Kräuter sind gesunde Energiespender, die mir in der Küche immer dann zu Hilfe kommen, wenn Grundprodukte mit kräftigen Aromen ergänzt werden müssen. Sie bringen Farbe und Vitalität in ein Gericht – sogar in Desserts, wenn etwa bitterer Rucola auf süße Aprikose trifft.

ysop

ysop
blattpfeffer
liebstöckel

ysop

Ysop schmeckt, als ob jemand Rosmarin, Bohnenkraut und Thymian in eine Pflanze gesteckt hätte. Er hat ein kräftiges Kampfer- und Minzaroma, erfrischt mit leicht scharfem, bitterem Aroma und harmoniert damit wunderbar mit Thymian, Rosmarin, Pfeffer und Minze. Ysop findet in meiner Küche immer dann Verwendung, wenn es darum geht, Gerichte mit Kohl, Roter Bete, Linsen, Lamm und Wild zu verfeinern. Aber auch im Dessert schmeckt Ysop ganz vorzüglich: Beeren, Aprikosen oder Kirschen werden mit dem Kraut aromatisch wachgeküsst. Wichtig ist beim Kochen mit Ysop lediglich, dass das Kraut nicht mitgekocht wird, sein Aroma verfliegt dabei nämlich nur allzu schnell.

Nicht zu verwechseln ist der Ysop mit dem Lemonysop und dem Anisysop (Duftnessel). Beide gehören zwar zu den Lippenblütlern, aber zu den amerikanischen Agastachen.

Der Ysop wächst in durchlässigen Böden und an sonnigen Standorten zu einer Staude mit vierkantigen Stängeln und kurzen, zarten Blättern heran.

Anfangs Sommer, wenn er seine rosa oder königsblauen Blüten öffnet, bildet er ein schönes Blütenmeer. Dann ist er mir eigentlich am liebsten. Denn so zieht er die Bienen an und bringt neben seinem schönen Aroma auch emsiges Treiben in meinen Garten.

blattpfeffer

Man nennt ihn auch Ohrenpfeffer, den Strauch – oder muss man schon Baum sagen? –, der bis zu fünf Meter hoch wird. Eigentlich aus Süd- und Mittelamerika stammend, wächst er auch bei uns in Kübeln in feuchter Erde sehr gut. In Mexiko heißt der Blattpfeffer »heiliges Blatt«, und mir gefällt, dass er dem Herzen nachgeformt ist. Wer kann da noch widerstehen?

Die Blätter haben einen scharfen, würzigen Geschmack, der an Muskatnuss, Sternanis und natürlich Pfeffer erinnert. Weil sie so groß sind, kann man darin wunderbar Fleisch, Fisch oder Meeresfrüchte einwickeln. Und während alles zusammen gart, gibt das Blatt sein feines Aroma ab. Ich mag das rohe Blatt auch, in ganz feine Streifen geschnitten, zu Geflügel, Gemüse und Reisgerichten.

Braucht der Blattpfeffer im Gericht einen Partner, eignen sich die ebenfalls starken Aromen von Koriander, Chili und Schnittlauch. So oder so – der Blattpfeffer bringt Schärfe, Würze und mit seinem Blatt auch ein wenig Herz in Garten und Küche.

liebstöckel

Wenn mir der auch als Maggikraut bekannte Liebstöckel im Garten über den Kopf wächst, stehe ich mit einem großen Wunsch vor dem Kraut: möglichst viele Rezeptideen!

Liebstöckel mag feuchte Böden und sollte mit genügend Abstand zu anderen Kräutern gesetzt werden, weil er mit seiner Power ihr Wachstum hemmen könnte. Richtig gepflanzt, wächst er bis zu zwei Meter hoch und wird damit zu einem schönen Kräuterdschungel. Die große Menge, die eine Ernte abwirft, steht leider in keinem Verhältnis dazu, wie viel man zum Würzen braucht. Denn der Liebstöckel hat so ein starkes Aroma, dass nur ganz wenig davon ausreicht.

Darum heißt es: vorsichtig dosieren und nur wenig Liebstöckel vor allem zu Gerichten mit Wurzelgemüsen, also Karotten oder Pastinaken, aber auch zu Pilzen, Fleisch, Fisch oder Zwiebeln geben. Rohe kleine Blätter gebe ich manchmal direkt in Blattsalate. Am besten allerdings schmeckt mir Liebstöckel zu Kartoffeln, egal ob geröstet, als Gratin mit Käse oder als Püree. Dort entfaltet er sein starkes Aroma, das so sehr an Sellerie erinnert, aber eben herber ist. Ich schmecke Moschus heraus bis hin zu Anis-Zitrus und Hefetöne. Ein schöner Aromenfächer tut sich beim Liebstöckel also auf, der mit Knoblauch, Schnittlauch, Petersilie, Chili und Wacholder noch angereichert werden kann.

brunnenkresse
schnittsellerie
löwenzahn

schnittsellerie

Man nennt ihn auch wilden Sellerie oder Eppich. Er ist quasi der Ursprung von Staudensellerie und Knollensellerie, die aus dem Schnittsellerie gezüchtet wurden. Man verwendet allerdings nur die Blätter, die wie dunkelgrüne, glatte Petersilie aussehen.

Im Garten ist er die reinste Wunderwaffe gegen Schädlinge im Salat- oder Kräuterbeet und verträgt es gut, wenn dem Boden vor der Saat ordentlich Kompost untergemischt wird. Zum Wachsen braucht er reichlich Feuchtigkeit, er zieht viel Kraft aus dem Boden.

Wer an seinem Blatt reibt, riecht die Ähnlichkeit mit Petersilie, seine Bitternoten, die auch eine schöne Schärfe haben. In der Küche werden die Blätter, Stängel und sogar seine Samen für Schmorgerichte, Reis und Gemüse verwendet. Ich mag ihn gerne frisch im Blatt- oder Tomatensalat, in Kartoffelgerichten oder zusammen mit Ingwer, Petersilie und Pfeffer.

Und wem der bittere Schnittsellerie dann doch etwas zu potent im Gericht erscheint, der kocht ihn einfach etwas länger, denn durchs Kochen verlieren alle Selleriearten etwas ihres herben Geschmacks.

brunnenkresse

Als ich als junge Köchin in London im Hotel Clardige's gekocht habe, waren die Unmengen von Brunnenkresse immer das reinste Geschenk für mich. Und noch heute wandern meine Gedanken beim Aroma von Brunnenkresse immer gleich nach London. Die Brunnenkresse feiert bei uns seit ein paar Jahren ihr wohlverdientes Revival, ist aber ursprünglich in Nordamerika und Westasien beheimatet. Sie gedeiht an fließendem Quellwasser, und von ihren knackigen Blättchen recken sich nur gerade die Triebspitzen aus dem Wasser.

So frisch, wie sie wächst, schmeckt Brunnenkresse auch, aber gleichzeitig schön pfefferig mit einer leicht bitteren Note. Sie gibt Gerichten mit Kartoffel, Gurke, Fenchel, Fisch, Zwiebel, aber auch Orangen eine große Aromentiefe. Die Franzosen servieren sie klassisch zur Kartoffelsuppe, die Italiener würzen damit ihre Minestrone, und in China wird sie zusammen mit Ingwer in die Wantansuppe gegeben. Brunnenkresse gibt jedem Salat einen schönen Pep, man kann sie aber auch in Gemüsegerichten mitbraten. Und fehlt ein Gewürz dazu, hilft Ingwer oder Kardamom.

Das Beste daran: Brunnenkresse ist nicht nur eine tolle Gemüsepflanze, sondern auch ein natürliches Heilmittel. Sie enthält wertvolle ätherische Öle und strotzt vor Vitamin C. Das gesündeste, weil natürlichste Antibiotikum der Welt.

löwenzahn

Er wächst eigentlich überall. Egal ob am Wegesrand oder auf Wiesen, pflanzt er sich wie eine schöne, grüne Krone in die Natur. Aber Vorsicht: Nur von Februar bis Mai ist die beste Erntezeit, denn sobald der Löwenzahn blüht, werden seine Blätter zäh. Zwar eignen sich die Blüten für die Herstellung eines honigartigen Sirups, aber die Blätter müssen jung verzehrt werden. Dann schmecken sie nussig und aromatisch bitter. Ich mag die kleinen Blätter in einem bunten Salat in Kombination mit anderen Wildkräutern. Löwenzahn schmeckt aber auch sehr fein zu Avocado, in Kartoffelgerichten oder, frisch geschnitten, im Risotto. Kombinationsmöglichkeiten ergeben sich mit der aromatisch ebenfalls kraftvollen Petersilie, mit Basilikum und Knoblauch.

Und wen im Winter die große Sehnsucht nach Löwenzahn packt, der kann ihn aus Kulturen als gebleichten, weißen Löwenzahn kaufen. Dann allerdings ist es eine teure Spezialität, ein kleines Festmahl, welches das Sehnen nach dem ersten frischen Löwenzahn etwas verkürzt.

oregano
majoran
rucola
4

oregano

Die meisten kennen ihn nur als das getrocknete Kraut aus dem Gläschen, mit dem man Tomatensaucen würzt. Frisch geerntet hat Oregano ein bitterscharfes, pfeffriges und leicht beißendes Aroma. Das heißt, er ist auch etwas erfrischend, denn irgendwie erinnert er an Zitrone. Ein Aroma, das deftige Schmorgerichte mit Lamm oder Kartoffeln bereichert und den schweren Geschmack dabei etwas zu brechen vermag. Zu Blumenkohl, Bohnen, Lamm, Muscheln, aber auch in Wildgerichten passt er wunderbar. Ich verwende ihn auch für Grillmarinaden, deftige Suppen oder wenn ich mit Hülsenfrüchten koche. Aromatisch passt er zu Basilikum, Chili, Knoblauch, Zitrone oder Rosmarin.

Oregano wächst bei uns auch wild, ist aber weniger aromatisch als der herkömmliche, der prima in unseren Gärten und sogar im Topf auf der Fensterbank gedeiht. Einzig Staunässe gilt es zu vermeiden.

Es gibt unendlich viele Sorten: Mexikanischer Oregano hat lange behaarte Blätter, der kleinblättrige ist mild und erfrischend, während der griechische Oregano fast schon pelzige Blätter hat. Besonders schön ist der einfache herkömmliche Oregano, der nach der im Juni empfohlenen Ernte seine pinkfarbenen Blüten ausfährt und als Zierpflanze so schön ist, dass es einem nicht im Traum in den Sinn kommt, ihn getrocknet in ein Gläschen zu verbannen.

majoran

Als junge Pflanze ist der Majoran im Kräuterbeet sehr empfindlich und darf nie austrocknen. Dann aber wächst er ohne jegliche Ansprüche sehr gut.

Kein Wunder, dass Majoran das Wurstgewürz schlechthin ist. Sein Aroma kann es mit geschmacklichen Schwergewichten aufnehmen und genau wie Oregano die Schwere etwas brechen. Frisch hat er aber ein sehr angenehmes scharf-bitteres Aroma, ist leicht pfeffrig und süß. Er passt damit ganz ausgezeichnet zu Basilikum, Sumach, Kreuzkümmel, Petersilie und grünem Pfeffer. Egal ob in Kombination mit diesen Gewürzen oder ganz allein: Majoran verfeinert Artischocken, Bohnen, Zucchini, schmeckt toll zu Kartoffeln, Ziegenkäse oder Wild. Ich nehme ihn gerne, wenn Frischkäse, eine Quiche oder Pilzgerichte verfeinert werden müssen.

rucola

Wenn's um Rucola geht, gibt es bei mir eine Regel: keine Pizza ohne Rucola! Ich liebe diesen herb aromatischen Geschmack sehr.

Ich habe seit einigen Jahren größte Freude daran, ihn selber in meinem Garten zu ziehen, wo er schon nach einer Keimzeit von etwa zwei Wochen sprießt. Frisch geerntet schmeckt er am allerbesten, ist knackig und regt mit seinem scharf-pfeffrigen Aroma den Appetit so richtig schön an.

Ich habe dazu einen Evergreen: eine Rucolasuppe, die ich mit Kaffee aromatisiere. Die Kombination ist nicht zufällig gewählt, denn Kaffee hat die gleiche Prise Bitterkeit wie der frische Rucola. Mit Rucola wird eigentlich immer mit wachem Geist komponiert: ein Saft oder Dessert mit Apfel und Rucola, aber auch Raviolifüllungen, Kräutersaucen, Blattgemüse, als pfeffrige Einlage für Sandwiches und Kartoffelgerichte. Er harmoniert mit Piment, Petersilie, Basilikum, Minze und Dill. Und ich kombiniere ihn gerne mit Frischkäse, Gurken, Blattsalaten, Fisch und natürlich dem Klassiker, Tomaten.

Und wer Rucola im Garten auswachsen lässt, bekommt von ihm das schönste aller Geschenke: seine hübsche gelbe Blüte. Sie ziert Gerichte und erfrischt mit einem schönen Aroma, das an Orange erinnert.

würzige

Egal ob magischer Thymian, herber Salbei, kühlende Minze oder eigenwilliger Koriander: Wenn würzige Kräuter verwendet werden, bekommt das Gericht eine große Aromenkraft und -tiefe. Und doch haben sie die Gabe zu harmonieren, denn sie sind wohltuend und verwöhnen Geist und Gaumen. Ein frisch aufgebrühter Minzentee macht mich richtig glücklich …

Sie sind Alleskönner und passen in liebliche Salate genauso wie in deftige Gerichte. Gerade robuste Kräuter mit holzigen Stielen sind nicht zimperlich und können sogar mitgeschmort werden, während sie dem Gericht dann in aller Ruhe ihr Aroma verleihen. Aber auch kurz gebraten oder knusprig frittiert, bringen sie eine letzte, knackige Würze in ein Gericht.

rosmarin

orangenthymian
thymian
zitronenthymian

thymian

Es ist beeindruckend, in welcher Vielfalt der Thymian beim Gärtner zu finden ist. Ich liebe Zitronenthymian, Feldthymian (den man auch unter dem Namen Quendel kennt), bin begeistert von Kümmelthymian, Orangenthymian und vielen anderen mehr. Beim Duft von Thymian wandern meine Gedanken sofort zu mediterranen Gerichten wie Lammkeule oder geschmorten Auberginen. Wer an seinen feinen Blättchen reibt oder sie zerkaut, schmeckt sein würzig-erdiges Aroma, das an Nelke oder Minze erinnert und einen sehr frischen Geschmack im Mund hinterlässt. Für mich ein fast magischer Duft.

Thymian findet sich im klassischen Bouquet garni. Ich würze damit gerne Fisch, Fleisch, Kartoffeln, Auberginen, Bohnen, Lauch und natürlich Pilze. Weil Thymian robust ist, eignet er sich wunderbar zum Mitgaren und macht Schmorgerichte, Eintöpfe, aber auch Wild besser verdaulich. Er schmeckt auch sehr fein in Sablés oder im Dessert, zum Beispiel als Thymian-Sauerrahm-Eis, in einem Joghurt-Cake, und sogar in der Schokoladenmousse hat er seinen Platz.

Er passt wunderbar zu Gewürzen wie Nelke, Lavendel, Ingwer oder Pfeffer. Aber auch erfrischende Zitrone und würziger Knoblauch harmonieren vorzüglich mit Thymian.

Spannend ist, dass der kultivierte Thymian viel aromatischer ist als der wilde. Andererseits ist dieser eine Augenweide, wenn er auf den trockenen Hügeln im Mittelmeerraum wächst. Thymian bevorzugt im Garten einen sonnigen Platz in sandiger Erde und kann im Sommer etwas Trockenheit ganz gut vertragen.

Sein Name leitet sich vom griechischen Wort *thȳmós* ab, das so viel heißt wie Geist, Rauch, Mut oder Kraft. Bei Husten braue ich mir gerne einen Thymiantee mit Honig – seine Kraft hat dabei eine natürliche, antibakterielle Wirkung.

koriander mit blüten und früchten
koriander

koriander

Es gibt nichts dazwischen: Entweder man liebt ihn heiß und innig oder hasst ihn leidenschaftlich. Für mich ist es glasklar: Ich liebe frischen Koriander, und es gibt Gerichte, über die ich gleich Hände voller Koriander streue. Eine scharfe Asia-Nudelsuppe, ein Gurken-Chili-Salat, ein feines Linsencurry – Koriander bringt mit seinem zitronigen Aroma Frische in diese Gerichte. Mit seinen Noten von Ingwer, Salbei, Pfeffer und Minze ist er zudem das perfekte Kraut für Currygerichte, Suppen, Salate aller Art oder Salsas. Aber auch Gerichte mit Avocado, Gurke, Meeresfrüchten und Fisch, Kokosnussmilch, Rindfleisch oder Reis kommen bei mir ohne Koriander kaum aus. Er verleiht ihnen gleichzeitig ein warmes und spritziges Aroma und hat dabei die Gabe, gegensätzliche Aromen auszugleichen. Er verleiht mit seiner frischen Schärfe schweren Gerichten eine gewisse Leichtigkeit. Als eigenwillig mag man ihn trotzdem bezeichnen, den Koriandergeschmack. Er harmoniert aber dennoch vorzüglich mit anderen Aromen wie Chili, Zitronengras, Basilikum, Ingwer, Nelken, Minze oder Dill.

Das Schöne ist, dass man vom Koriander von der Wurzel bis zu den gefiederten Blättern alles verwenden kann. Er wächst im Garten ohne besondere Pflege mit langer Erntezeit, und ich freue mich immer auf den Zeitpunkt nach der Blüte, wenn sich die kugelrunden Samen bilden, die ich noch frisch zerdrücke. »Geschmacksexplosionsbälle« nenne ich die kleinen, grünen Kugeln. Und während ich das schöne Aroma in meinem Gaumen schmecke, verliere ich immer und immer wieder mein Herz an den Koriander.

rosmarin
culantro
hängender
rosmarin

rosmarin

Es ist immer ein guter Tag, wenn mein Gärtner die großen Rosmarinkübel aus dem Winterquartier wieder zu mir bringt. Er pflegt meinen Rosmarin so gut, dass er bereits mit den schönen, blassblauen Blüten und voller Saft zu mir kommt. Rosmarin ist sehr pflegeleicht und kann problemlos in Kübeln gezogen werden. Wer ihn in die Erde setzt, sollte einen Platz an der Sonne wählen. Rosmarin wurde schon im Mittelalter in Klostergärten gezogen und gilt als wichtige Heil- und Gewürzpflanze. Ein Tee aus Rosmarin hilft mit seiner anregenden Wirkung bei niedrigem Blutdruck und stärkt bei bösem Husten.

Ich liebe das Rosmarinaroma sehr, sein harziger, derber Geschmack wärmt mich richtig von innen. Da ist der Gedanke an warme Sommerabende nicht weit: Rosmarin mit gegrilltem Gemüse und viel Olivenöl, Lammgerichte oder weiße Bohnen. In der Küche ist er sehr unkompliziert, kann als ganzer Zweig in Schmorgerichten mitgekocht werden oder abgezupft über die Foccacia, Kartoffeln oder Pastinaken gegeben werden. Was immer Sie vorziehen: Der Rosmarin behält beim Kochen sein pfeffrig-harziges Aroma, das leicht bitter und nach Muskat schmeckt.

Er kann gewagt kombiniert werden: Zusammen mit Lavendel gebe ich ihn ins Brot, sein Aroma verfeinert aber auch Desserts mit Orangen, Aprikosen oder als Würze eine Tarte mit Rhabarber.

Ich mische ihn gerne mit Ingwer, Knoblauch, Salbei, Piment oder Minze. Und koche daraus Gerichte mit Fenchel, Frischkäse, Lamm, Fisch und Tomaten. In Honig ist er die reinste Delikatesse: In unserem Restaurant ist der Rosmarinhonig der heimliche Star auf dem Käsewagen und in meinem Delikatessenladen!

culantro

Dieses Würzkraut kaufe ich oft im Asiashop, wo es bisweilen mit »Petersilie« angeschrieben ist. Lassen Sie sich davon nicht irritieren, denn sein Geschmack ist in Wahrheit jenem von konzentriertem Koriander ähnlich, mit einer leicht bitteren Note. Kein Wunder, kennt man ihn auch unter dem Namen Mexikanischer oder Langer Koriander oder – wegen seiner stark gezähnten Blätter – auch als Sägeblattkraut. Als großer Korianderfan mag ich den Culentro sehr. Er schmeckt erdig und scharf.

Er kann natürlich auch im Garten gezogen werden, wo er bis zu 30 Zentimeter hoch zu einem schönen Sägeblatt mit einer grünlichen Dolde wächst.

Ich schätze seinen starken Geschmack, schneide seine langen Blätter in feinste Streifchen und streue sie über Asiasuppen, frische Salate, gebratenes Gemüse oder Fisch.

Wer sich mit dem Korianderaroma erst anfreundet, dosiert einfach sparsamer. Oder kombiniert mit Minze, Chili oder Zitronengras.

basilikumminze
bergminze
ingwerminze
orangenminze

minzen

Es ist ein magischer Moment, wenn ich im Frühling beim Gärtner vor dem Beet mit all den Minzesorten stehe: Basilikumminze, marokkanische Nadelminze, Japanische Minze, Afrikanische Bergminze, Hemingway-Minze ...

Die Sortenvielfalt ist schier unendlich. Heimlich wünsche ich mir dann, sie alle eines Tages auszuprobieren. Meine Vorliebe für Minze reicht bis in meine Kindheit zurück: Es war seit jeher mein liebster Kräutertee, ich schätze die kühlende Wirkung der Minze sehr, die sich selbst im heißen Tee entfaltet. Allein schon der Anblick von einem Glas frisch aufgegossenem, dampfendem Minzentee macht mich glücklich.

Wie gut, dass die Minze im Garten regelrecht wuchert und mit ihren Ausläufern durch den ganzen Garten wandert. Wer die Minze etwas zähmen will, zieht sie einfach im Topf, wo das Wachstum unter Kontrolle ist.

Minze hat kulinarisch reinste Zauberkraft: Sie hebt den Geschmack von Früchten oder Getränken an. Ein Fruchtsalat mit Basilikum-Minz-Sirup kitzelt alle Aromen heraus. Es ist ein frischer, sauberer Geschmack, der weckt. Dabei ist die Minze aber auch süßlich scharf, leicht pfefferig und hat einen Hauch von Zitrone und Menthol. Damit bietet sie scharfen Gerichten die Stirn: In Currys zum Beispiel ist sie ein kühlendes Gegengewicht zu den scharfen Gewürzen.

Ich mag Minze in Gemüse- und Geflügelgerichten, in Dressings, Salsas oder kalten Suppen mit Avocado, Gurke und Joghurt. Und natürlich in meiner geliebten Guacamole. Spannend auch, wenn Minze auf Milchprodukte wie Büffelricotta oder Joghurt trifft.

Frische Minze passt zu warmem Zimt, Kardamom und Nelke, aber auch zu frischer Zitrone, Ingwer, Petersilie, Thymian und Basilikum. Und natürlich harmoniert sie mit Schokolade – eine klassische Kombination in der süßen Küche, die mich bis heute in meinen Kreationen inspiriert.

bergamotte
minze
apfelminze
pfefferminze
ananasminze

bergminze
panachiert
krause minze
marokkanische
nadelminze
mojito minze

schnittzwiebel
schnittlauch
schnitt-
knoblauch

schnittzwiebel

Die Schnittzwiebel gehört zu den Lauchgewächsen und wird auch als Winterzwiebel angeboten. Wird sie früh geerntet, nennt man sie auch Frühlingszwiebel. Schreiten die Jahreszeiten und das Wachstum voran, wird sie zur Schnittzwiebel. Sie ist im Garten eine treue Begleiterin und wächst bis zum Ende des Sommers prächtig. Ich pflanze sie seit nunmehr drei Jahren selber und hatte dabei immer ein robustes Wachstum.

Aus der Zwiebelknolle wachsen lange, flache Blätter, die zwar etwas breiter als Schnittlauch sind, aber genau gleich verwendet werden können. Die Schnittzwiebel hat ein mildes Zwiebelaroma und passt zu kräftigem Ingwer, Knoblauch, Chili oder pfeffrigem Basilikum. Ich finde aber, am allerbesten passt sie zu gebratenen Gemüsegerichten, zu Fisch oder Meeresfrüchten.

Ganz wichtig: Die Schnittzwiebel immer erst am Ende der Garzeit dazugeben, denn so bleibt sie nicht nur schön knackig, sondern behält auch ihre dunkelgrüne Farbe und bereichert damit das Gericht farblich. Ihre weiße Blüte sieht wie ein zierlicher Pompon aus und passt gut in Salate oder als letzte Raffinesse über ein Pastagericht gestreut.

schnittknoblauch

Der Schnittknoblauch – man nennt ihn auch Chinalauch – ist quasi der asiatische Schnittlauch, bei uns noch ein Newcomer, den es aber zu entdecken lohnt. Er wächst nämlich problemlos mehrjährig in unseren Gärten. Im Gegensatz zur Röhrchenform des Schnittlauchs hat er lange, schmale, fleischige Blätter. Die Ernte ist ab März und dauert bis in den Spätsommer. Im August bilden sich seine schönen Blüten, die man auch essen kann. In Japan wird aus der gemahlenen Blüte ein beliebtes Gewürz hergestellt.

Wie's der Name schon verrät, schmeckt er nach Knoblauch, allerdings gepaart mit der Frische von Chlorophyll, was das Aroma etwas dezenter macht.

Schnittknoblauch immer ganz frisch verwenden und dann zu gebratenem Gemüse oder Meeresfrüchten servieren. Wird er mit anderen Kräutern kombiniert, eignen sich Basilikum, Kerbel, Petersilie, aber auch Gewürze wie Chili oder Anis. Köstlich schmeckt er, wenn man ihn in einem Teig knusprig ausbackt und zu Risotto oder Pasta serviert.

schnittlauch

Es ist das Gewürzkraut schlechthin. Egal ob im Beet oder im Topf auf der Fensterbank, ein feuchter, lockerer Boden ist alles, was Schnittlauch zum Gedeihen braucht. Er mag Sonne, wächst aber auch im Halbschatten und liefert uns die ganze Saison seine schönen Halme. Aromatisch ist er ein kleiner Glücksfall, denn jeder kann etwas damit anfangen, er ist ein toller Alleskönner und Teamplayer. Sein Aroma ist angenehm, mild zwiebelig und hat doch eine schöne Schärfe und Frische.

Klassisch auf ein Butterbrot gestreut, ist er eine einfache kulinarische Glückseligkeit; unter frischen Kräuterquark gemischt, über Eierspeisen oder in einem schönen Kartoffelsalat ebenfalls. Er schmeckt herrlich zu Avocado, Fisch und Meeresfrüchten. Ich mache daraus gerne ein Öl oder frittiere Schnittlauchhalme kurz zu Knusperstreifen, die wunderbar in Pastagerichte passen. Seine kugelförmige lila Blüte ist hübsch anzusehen und kann als aromatische Garnitur im Salat oder als Einlage in einem Essig verwendet werden.

Mit seinem Aroma passt Schnittlauch sehr gut zu Petersilie, Basilikum, Estragon und Pfeffer. Wichtig ist, dass er frisch geerntet wird; nur so behält er sein schönes Aroma und die knackige Struktur. Am besten ein Bund frischen Schnittlauch aus dem Beet, ganz fein mit einem scharfen Messer zu Röllchen schneiden und in einem schönen Kräuterregen über einen frischen Salat streuen.

salbei
salbei
panachiert
bergbohnen-
kraut
bohnenkraut

salbei

Salbei ist quasi die Apotheke im Kräutergarten. Kein Wunder, schließlich stammt der Name vom lateinischen Wort für heilen, *salvare*. Nichts bringt bessere Linderung als ein Salbeitee. Und dieser wirkt erst noch Wunder, wenn der Magen nach fettigen Speisen etwas Unterstützung beim Verdauen braucht. Das Gleiche gilt bei der feinen Saltimbocca, auch da macht das Kraut das Fleischgericht bekömmlicher.

Ich mag ihn in brauner Butter zu Gnocchi, Pasta oder über einer groben Polenta. Und ich liebe Salbeimäuschen! Ein kleiner Genuss, bei dem Salbeiblätter in einem Teig golden ausgebacken werden und dann schön im Mund knuspern.

Wer den Salbei im Garten zieht, merkt schnell: Seine jungen, samtenen Blättchen schmecken milder als die größeren, die etwas rauer sind. Auch gesprenkelte Blätter haben ein zarteres Aroma als der klassische Gartensalbei. Attraktiv finde ich im Garten auch seine schöne Blüte – die aber gleichzeitig signalisiert, dass es Zeit für einen Rückschnitt ist.

Roh hat Salbei ein leicht beißendes Aroma; frittiert oder in Butter ausgebacken, entfaltet sich sein Geschmack aber vorzüglich. Salbei schmeckt nach Moschus, Kampfer, herb und würzig und passt daher ausgezeichnet zu Zwiebeln, Pasta, Kartoffeln und Apfel. Ein Walnuss-Salbei-Brot? Mit einer Scheibe Käse serviert, ist das ein bisschen wie der Himmel auf dem Teller.

bohnenkraut

Der Name hält, was er verspricht: Es gibt in der Tat nichts Besseres, was zu Bohnen aller Art passt, als Bohnenkraut. Sowohl die weichen graugrünen Blätter des Sommerbohnenkrauts als auch die steifen, glänzenden dunkelgrünen des Winterbohnenkrauts. Letzteres ist winterhart und überlebt die kalte Jahreszeit problemlos im Garten. Im Sommer mag es einen sonnigen Standort, wo es mit seinen lila, rosa oder weißen Blüten dem Garten einen schönen Farbtupfer verleiht. Während der Blüte verströmt das Kraut übrigens das intensivste Aroma.

Ich nehme Bohnenkraut immer her, wenn ich Kartoffelsalat, Gerichte mit Hülsenfrüchten, Lamm oder einen Fischeintopf zubereite. Kohl, Tomaten, aber auch Rote Bete können wunderbar mit Bohnenkraut verfeinert werden.

Auch wenn die Pflanzen botanisch nicht verwandt sind, nennt man das Bohnenkraut auch Pfefferkraut. Denn es hat ein pfeffrig, angenehm brennendes Aroma und erinnert dabei an Thymian, Minze und Majoran. Das Winterbohnenkraut schmeckt zudem durchdringend nach Kiefernadeln und Salbei. Dezent dosieren, denn sein Aroma hat eine große Kraft. Und es soll die anderen Aromen schließlich nicht übertrumpfen, wenn es mit Basilikum, Minze, Thymian, Kreuzkümmel oder Knoblauch gepaart wird.

blüten

Ihre Farben geben einem Gericht immer eine positive Energie. Ihr fein duftender Geschmack und ihre filigranen Blättchen sorgen für Leichtigkeit und eignen sich damit besonders für Sommergerichte. Ich verarbeite Blüten aber auch gerne zu Sirup oder Essig. Es lohnt sich, im eigenen Garten das eine oder andere Kräutlein auswachsen zu lassen, um seine schöne Blüte zu entdecken. Denn in ihnen steckt die pure Essenz des Kräuteraromas!

dillblüte

1
2
3
6
7
5
4
8
6
10
9
11

blüten

Der Fenchelblüte gehört mein ganzes Herz, Rosenblüten verleihen Lieblichkeit, und Lavendelblüten machen das Gericht hocharomatisch. Früher waren Blüten – und da gehören jene der Kräuter mit dazu – lediglich schöne Zierde auf meinen Gerichten. Mittlerweile habe ich auch ihre Aromenkraft entdeckt, denn in ihnen steckt die pure Essenz des Kräuteraromas.

Auf den ersten Blick scheinen manche Kombinationen vielleicht etwas ungewöhnlich, aber immer ist es am Schluss überraschend, wenn mit Blüten angerichtet wird. Beißt man im Salat zum Beispiel auf die gelbe Rucolablüte, schmeckt die Zunge Orange. Zudem verbreiten ihre Farben sofort eine positive Energie. Die Blüten des African-Blue-Basilikums zaubern einen feinen Sirup, Zitronenverveineblüten veredeln eine Marinade zu Fisch oder Geflügel, und Veilchen geben einem Essig einen besonderen Touch.

Natürlich können Sie nach Lust, Laune und Saison zusammenstellen: In meiner Küche haben die Kombinationen Lavendel-Rosmarin, Rose-Minze und Fenchelblüte-Basilikum einen festen Platz. Egal ob sie daraus frische Tees, Kräutersalze oder Marinaden zubereiten: Wer mit Blüten kocht, zaubert automatisch Liebe auf den Teller.

1
rose

2
african-blue-basilikum

3
chrysantheme

4
lavendel

5
fenchelblüten

6
kapuzinerkresse

7
rucolablüten

8
zitronenverbene

9
ringelblume

10
borretsch

11
duftpelargonie

zitronenverbene

aperitif

Hier werden mit munterem Knusper alle Sinne geweckt, wenn Nüsse, Crunch und Cracker im Mund knacken und die Kräuter mit ihrem Aroma erfrischen.

Der kleine Happen stimmt die Melodie für ein glänzendes Essen an. Und wird mit einem feinen Glas Wein und lieben Menschen automatisch zu einem Fest.

kräuter grüntee tempura

Mehl, Grüntee, Olivenöl, Kardamom und Salz zu einem glatten Tempurateig verrühren. Im Kühlschrank ½ Stunde ruhen lassen.

Die Kräuter mit etwas Reismehl bestäuben, durch den Tempurateig ziehen und im heißen Öl frittieren. Auf Küchenpapier abtropfen lassen und mit dem Grünteesalz würzen.

	Tempurateig
100 g	Mehl
230 ml	starker Grüntee, eiskalt
1 EL	Olivenöl
½ TL	Kardamom, gemahlen
2 TL	Salz
1 Schüssel	gezupfte Kräuter (z. B. Salbei, Basilikum, Dill, Fenchelblüten, Estragon, Shiso)
2 EL	Reismehl
	Öl zum Frittieren (z. B. Sonnenblumenöl)
	Zitronengras-Grüntee-Salz (siehe Basics Seite 339)

»

Kräutertempura ist auch eine tolle Beilage zu Fisch oder Meeresfrüchten.

Durch Grüntee statt Wasser im Teig bekommen die frittierten Kräuter einen wunderbar herb-aromatischen Geschmack.

liebstöckel quinoa cracker

100 g	Quinoa
300 ml	kräftiger Gemüsefond
1 Msp.	Salz
2 EL	gehackter Liebstöckel

Quinoa im Gemüsefond weich kochen, bis alle Flüssigkeit verdunstet ist. Mit Salz und Liebstöckel abschmecken und im Cutter kurz mixen, sodass die Quinoakörner noch sichtbar sind. Die noch warme Masse auf Silikonmatten oder Backpapier dünn ausstreichen und im 90 Grad warmen Backofen 2–3 Stunden trocknen lassen. Dabei die Ofentür einen kleinen Spalt offen lassen.

Die knusprige Masse in Cracker brechen und sofort genießen oder luftdicht verschlossen aufbewahren.

»

Der nussige Geschmack von Quinoa begeistert mich immer wieder aufs Neue. Egal ob als Salat, Beilage oder Crunch – das gesunde Korn schmeckt einfach lecker.

pesto pistazien cantucci

Zucker und Eier verrühren. Mehl, Backpulver und Parmesan mischen und dazugeben. Zum Schluss die restlichen Zutaten daruntermischen und verkneten. Den Teig 1 Stunde im Kühlschrank ruhen lassen, dann zu langen Würsten von 3 cm Durchmesser rollen.

Auf ein mit Backpapier ausgelegtes Backblech legen und im 175 Grad heißen Backofen 18 Minuten backen, dann die Temperatur auf 140 Grad reduzieren und weitere 10 Minuten backen.

Aus dem Ofen nehmen und leicht schräg in 1 cm dicke Scheiben schneiden.

Diese erneut auf das Blech legen und bei 140 Grad nochmals 10 Minuten backen.

150 g	Zucker
2	Eier
220 g	Mehl
4 g	Backpulver
70 g	Parmesan
90 g	Pistazien, geröstet
80 g	Pinienkerne, geröstet
80 g	Mandeln, geröstet und grob gehackt
150 g	Basilikum-Zitronen-Pesto (siehe Basics Seite 331)

koriander falafel mit minz guacamole

Für die Falafel die Kichererbsen über Nacht in kaltem Wasser einweichen. Abgießen und kalt abspülen. Im Cutter pürieren, dann alle übrigen Zutaten dazugeben und kurz weitermixen.

Die Masse in eine Schüssel füllen und falls nötig nochmals abschmecken. 20 Minuten ziehen lassen.

Das Erdnussöl in einem großen Topf oder in der Fritteuse auf 170 Grad erhitzen. Mit zwei Teelöffeln Nocken abstechen und die Falafel goldbraun frittieren. Auf Küchenpapier abtropfen lassen.

Für die Guacamole Limettensaft, Limettenschale und Wasser mit Zucker, Koriandersamen und Pfefferminze aufkochen. Die Crème fraîche einrühren und 5 Minuten ziehen lassen. Durch ein ieb streichen. Das Avocadofleisch mit der Limettencreme mixen und mit Salz und Pfeffer abschmecken.

Die Korianderfalafel mit der Guacamole und viel frischer Minze sowie Koriander servieren.

	Falafel
200 g	Kichererbsen
1	Zwiebel, geschält und fein gewürfelt
1	Knoblauchzehe, geschält und fein gehackt
2 Bund	Koriander, geschnitten
1 EL	Koriander, gemahlen
1 EL	Kreuzkümmel, gemahlen
1 EL	Salz
1 EL	Zitronensaft
½ TL	Backpulver
	Erdnussöl zum Frittieren
	Guacamole
1	Limette, Saft und abgeriebene Schale
3 EL	Wasser
2 TL	Zucker
1 TL	Koriandersamen
3 EL	Pfefferminze, getrocknet
1 EL	Crème fraîche
1	Avocado
	Salz
	schwarzer Pfeffer aus der Mühle
1 Bund	Koriander, fein geschnitten, zum Servieren
1 Bund	Minze, grob geschnitten, zum Servieren

»

Das Rezept stammt von Ahmed, einer früheren Küchenhilfe von uns. Es war immer ein Fest, wenn er für uns seine syrischen Spezialitäten gekocht hat.

parmesan thymian crunch

Den Parmesan fein reiben und mit Thymian und grünem Pfeffer mischen.

Dünn auf ein mit Backpapier belegtes Blech streuen und im 160 Grad heißen Backofen 8 Minuten knusprig goldbraun backen.

Auf einem Gitter erkalten lassen und in Stücke brechen.

150 g	Parmesan (Parmigiano Reggiano)
4 EL	grob geschnittene Thymianblätter
1 Msp.	grüner Pfeffer, gemahlen

»

Ich liebe den Parmesan-Crunch auf Pasta! Er ist aber auch über Salate gebröselt ein Genuss.

petersilien pfeffer brioche mit erbsen hummus

Erbsen und Knoblauch in Salzwasser etwa 5 Minuten blanchieren. Abgießen, abschmecken und auf Küchenpapier gut abtropfen lassen. Mit den restlichen Zutaten im Cutter fein mixen und den Hummus abschmecken.

Die Brioche in große Würfel schneiden und im heißen Olivenöl rundum goldbraun und knusprig anbraten.

Tupfer des Hummus auf die Briochewürfel geben und mit Petersilie und Erbsenkresse bestreuen.

Erbsen-Hummus

500 g	Erbsen
2	Knoblauchzehen, geschält und halbiert
	Salz
2 EL	Tahin
1	Limette, Saft und abgeriebene Schale
½ Bund	Petersilie, gezupft und geschnitten
½ Bund	Estragon, gezupft und geschnitten
3 EL	Petersilienöl (siehe Basics Seite 329)
6 Scheiben	Petersilienbrioche (siehe Gebäck Seite 293)
1 TL	Olivenöl zum Braten
	Petersilien- oder Erbsenkresse oder ersatzweise kleine Petersilienblätter

»

Der grüne Erbsen-Hummus ist auch eine tolle Beilage zu Fisch oder Fleisch. Am besten schmeckt er mit frischen Erbsen – gefrorene gehen aber auch.

palmkohl chips mit algen estragon salz

In einer großen Schüssel die Kohlblätter mit dem Öl gut vermischen, sodass sie komplett mit dem Öl benetzt sind. Mit dem Estragonsalz würzen und gut vermengen.

2 Bleche mit Backpapier auslegen und die Kohlblätter darauf verteilen.

Im 160 Grad heißen Backofen 12–15 Minuten rösten.

200 g	Palmkohlblätter, ohne Strunk, in großen Stücken
2 EL	Estragonöl (siehe Basics Seite 329)
1 EL	Algen-Estragon-Salz (siehe Basics Seite 339)

»
Vor etwa zwei Jahren erlebte ich in New York den ›Kale‹-Hype (Palmkohl schmeckt etwas milder als Grünkohl) und habe mich sofort davon anstecken lassen. Das Powergemüse mit seinen Mineralien und Antioxidantien schmeckt in all seinen Zubereitungsarten toll. Besonders aber liebe ich die Chips, die es in den USA überall fertig zu kaufen gibt.

wassermelone mit rose und rosmarinessig

Die Melone in große Würfel schneiden. Rosenwasser, Rosmarinessig und Salz verrühren. Die Melonenwürfel damit marinieren.

Die Melonenwürfel eiskalt zusammen mit den Rosenblättern auf die Rosmarinzweige spießen und servieren.

300 g	Wassermelone
4 EL	Rosenwasser
4 EL	Rosmarinessig
1 Prise	Salz
	Rosenblätter und Rosmarinspieße zum Servieren

»

Für mich ist dieser supereinfache Snack der perfekte Menü-Auftakt an einem heißen Sommertag. Die Geschmacksknospen werden geöffnet, und die kalte Melone mit der würzigen Säure ist extrem erfrischend.

frittierte kichererbsen mit minze

200 g	Kichererbsen, über Nacht in kaltem Wasser eingeweicht
1	Zimtstange
5 Stängel	Minze
	Öl zum Frittieren (z. B. Sonnenblumenöl)
2 EL	Minzsalz (siehe Basics Seite 339)

Die Kichererbsen in einem Topf mit Wasser bedecken und mit Zimt und Minze weich kochen. Abgießen und die Kichererbsen auf einem mit Küchenpapier ausgelegten Blech gut trocknen. Im 170 Grad heißen Öl nach und nach knusprig goldgelb frittieren.

Auf Küchenpapier gut abtropfen lassen und mit dem Minzsalz würzen.

»
Die frittierten Kichererbsen schmecken auch auf einem knackigen Salat oder in einer cremigen Suppe toll.

geröstete estragon macadamianüsse

Die Macadamianüsse im Backofen bei 160 Grad 5 Minuten rösten.

Den Estragonessig mit den restlichen Zutaten zu einer Marinade verrühren. Die warmen Nüsse in die Marinade geben und gut mischen.

Die Nüsse wieder auf ein Backblech geben und bei 70 Grad 3 Stunden trocknen lassen.

200 g	Macadamianüsse
2 EL	Estragonessig
2 Msp.	Salz
1 Msp.	grüner Pfeffer, gemahlen
2 Msp.	Estragonpulver, gemahlen
½ TL	Speisestärke

»

Um Estragonpulver herzustellen, kann man Estragon (wie auch andere Kräuter) in der Mikrowelle trocknen. Hierfür zupft man die Blätter ab und legt sie auf einen mit Küchenpapier ausgelegten Teller. Nach 1 Minute bei 200 Watt wendet man sie und trocknet sie nochmals 1 Minute. Den Vorgang eventuell wiederholen. So bekommt man getrocknete Kräuter, die ihre Farbe behalten. Die Blätter für das Pulver dann fein mahlen.

gerolltes omelett mit sake und koriander

Die Eier aufschlagen und mit den restlichen Zutaten gut verquirlen. Eine beschichtete Pfanne (im Idealfall eine eckige japanische Tamago-Pfanne) erhitzen und mit Öl benetzen. Einen Teil der Eimischung in die Pfanne geben, sodass der Boden bedeckt ist, stocken lassen. Die Pfanne von der Herdplatte nehmen und das Omelett aufrollen. Dieses an den Pfannenrand schieben und den Vorgang wiederholen, bis die Eimasse aufgebraucht ist.

Die Omeletts aufschneiden und mit viel frischem Koriander servieren.

Schmeckt warm oder kalt sehr lecker.

6	Eier
50 ml	kräftiger Gemüsefond
1 EL	Sake
1 EL	Sojasauce
1 TL	Mirin
1 EL	Zucker
1 Prise	Salz
	Öl zum Braten
1 Bund	Koriander, grob gehackt, zum Servieren

»

Für das Fotoshooting habe ich die Omeletts frühmorgens in unserer privaten Küche zubereitet, zusammen mit Emmas Frühstücksporridge mit Zimtzucker und feinen Beeren. Davon wollte sie aber, sobald sie die Küche betreten hatte, nichts mehr wissen. Zum Frühstück gab es dann dieses Japan-Omelett mit viel Sojasauce. Seither steht das ›Superomelett‹ einmal die Woche auf dem Frühstücksplan.

radieschenbrot mit shiso quark und himbeersenf

Für den Himbeersenf Senfpulver, Senf und die Hälfte des Apfelessigs in einer Schüssel verrühren. Den Honig in einem Topf erwärmen, bis er leicht dunkel ist. Die Himbeeren, den restlichen Apfelessig, Szechuanpfeffer und Salz zugeben und 15 Minuten köcheln. Vom Herd nehmen, mit der Senfmischung mixen und durch ein Sieb streichen. Den Senf in einem Glas im Kühlschrank aufbewahren.

Die Radieschen dünn aufschneiden und kurz in Eiswasser legen.

Den Quark mit Shisopulver, Salz und Pfeffer sowie 4 Esslöffeln Himbeersenf glatt rühren.

Das Brot in Scheiben schneiden, mit Quark bestreichen und Tupfen vom Himbeersenf daraufgeben. Die Radieschenscheiben und Shisoblätter hineinstecken, etwas Fleur de Sel darüberstreuen.

	Himbeersenf
50 g	Senfpulver
125 g	Senf
100 ml	Apfelessig
250 g	Honig
350 g	Himbeeren, gewürfelt
1–2 Prisen	Szechuanpfeffer, gemahlen
	Salz

	Radieschenbrot
1 Bund	Radieschen
250 g	Quark (20 % Fett)
1 TL	Shisopulver (Asialaden)
1 Msp.	Salz
1 Msp.	Szechuanpfeffer, gemahlen
1	Sauerteigbrot, am besten in Stangenform
1 Handvoll	Shisoblätter oder Shisokresse
	Fleur de Sel

»

Dieses Radieschenbrot war in einem unserer Menüs die ›Erfrischung‹ vor dem Hauptgang. Der frische kleine Gang mit der Quarkcreme neutralisiert die Geschmacksnerven und macht Appetit auf mehr.

haselnuss fenchel crunch mit rosmarin

Wasser, Zucker und Butter in einem kleinen Topf erhitzen. Wenn sich der Zucker aufgelöst hat, vom Herd ziehen, die restlichen Zutaten dazugeben und mischen, bis ein bröseliger Teig entsteht.

Über Nacht abgedeckt in den Kühlschrank stellen.

Vor dem Servieren die Masse auf ein mit Backpapier ausgelegtes Blech verteilen und bei 180 Grad 8 Minuten goldbraun backen.

2–3 EL	Wasser
60 g	brauner Zucker
40 g	Butter
60 g	Haselnüsse, geröstet, geschält und grob gehackt
125 g	Mehl
1 TL	Fenchelsamen
½ TL	Anis, gemahlen
3 EL	gehackte Rosmarinnadeln
1 große Prise	Fleur de Sel

»
Ich liebe dieses extrem knusprige Gebäck.
Es ist toll als Knabberei zu einem Glas Weißwein.
Wir servieren den Crunch im Restaurant auch als die etwas andere Beilage zu Wild oder Käse.

borretsch

salat

Kräuter verleihen Salaten eine unglaubliche Schönheit. Es schmeichelt dem Auge, wenn der filigrane Bronzefenchel den Tomatensalat mit Gerste ziert oder aus Shiso, Radicchio und Granatapfel ein kleines Wunderwerk entsteht.

Was zur gleichen Zeit im Gartenbeet wächst, ist auch auf dem Teller ein perfekter Begleiter. Angereichert mit gesundem Getreide, Früchten und Gemüse, liefern Salate Energie, Vitamine und machen Hunger auf mehr.

perlgraupen birnen salat mit brunnenkresse

Für das Dressing alle Zutaten sehr fein mixen und abschmecken.

Die Perlgraupen in einem Sieb kalt abspülen. Im gesalzenen Gemüsefond etwa 15 Minuten weich garen, dann abgießen.

Einen Teil der Brunnenkresse sowie die Petersilie grob hacken und mit den erkalteten Perlgraupen mischen. Die Birnen schälen, entkernen und in kleine Würfel schneiden. Zusammen mit den Frühlingszwiebeln und Haselnüssen unter die Perlgraupenmischung mengen. Mit dem Dressing marinieren.

Den Salat in Schalen anrichten und die restliche Brunnenkresse darauf verteilen.

Dressing

1 Bund	Blattpetersilie, gewaschen und gezupft
100 ml	Sonnenblumenöl
1	grüne Chili, entkernt und gewürfelt
50 ml	Olivenöl
50 ml	Limettensaft
1 EL	abgeriebene Limettenschale
½ TL	Zucker
½ TL	Salz

Salat

200 g	Perlgraupen (Rollgerste)
1 l	Gemüsefond
	Salz
2 Bund	Brunnenkresse, gewaschen und gezupft
1 Bund	Blattpetersilie, gewaschen und gezupft
2	Birnen
2	Frühlingszwiebeln, gewaschen und in feine Ringe geschnitten
60 g	Haselnüsse, geröstet und gehackt

»

Ich habe meine große Leidenschaft fürs Kochen mit Getreide entdeckt. Gerste ist davon eines meiner liebsten. Sie ist wunderbar vielfältig und lecker zuzubereiten.

spinat brot salat mit fenchelöl und bergkäse

Für das Fenchelöl das Olivenöl mit den Fenchelsamen auf 70 Grad erwärmen. 3 Stunden abgedeckt ziehen lassen, dann durch ein Sieb abgießen.

Die Brioche rundherum in Fenchelöl knusprig braun anbraten und zerpflücken. Den Bergkäse dünn hobeln.

Alle Zutaten für die Marinade gut verrühren und die Spinatblätter darin wenden. Mit Käse und Brioche anrichten, mit den Fenchelblüten bestreuen und mit etwas Fenchelöl vollenden.

Fenchelöl

100 ml Olivenöl
3 EL Fenchelsamen, zerstoßen

Marinade

2 unbehandelte Zitronen, Saft von 2 und abgeriebene Schale von 1 Zitrone
50 ml Fenchelöl
Fleur de Sel
schwarzer Pfeffer aus der Mühle

Salat

4 Scheiben Petersilienbrioche (siehe Gebäck Seite 293, ersatzweise Weißbrot)
100 g Bergkäse (z. B. Schlossberger aus dem Berner Oberland)
300 g junger Blattspinat, geputzt und gewaschen
1 Handvoll Fenchelblüten
2 EL Fenchelöl

wurzelgemüse salat mit melisse und kardamom

Alle Zutaten für das Dressing gut verrühren.

Das Gemüse schälen und in feine Streifen (Julienne) schneiden. Kurz in Eiswasser einlegen (die Rote Bete separat). Abgießen und mit den Kräutern und dem Dressing marinieren.

Den Wurzelgemüsesalat anrichten und mit den Melisseblättern bestreuen.

Dressing

5 EL	Olivenöl
1	unbehandelte Zitrone, Saft und abgeriebene Schale
4 EL	weißer Balsamicoessig
2 Msp.	Kardamom, gemahlen
1 EL	Akazienhonig
½ TL	Salz

Salat

2	Karotten
1	Pfälzerkarotte
1	Kohlrabi
1	Rote Bete (Rande)
1 Bund	Zitronenmelisse, in Streifen geschnitten, ein paar ganz lassen zum Dekorieren
½ Bund	glatte Petersilie, grob gehackt

gurken sesam salat mit kapuzinerkresse und fenchelblüten

Die Gurken mit der Schale fein hobeln.

Alle Zutaten für das Dressing gut verrühren und die Gurken mit dem Sesam damit marinieren. Mit Kapuzinerkresseblättern und Fenchelblüten anrichten.

Salat

2	Salatgurken, gewaschen
4 EL	schwarzer Sesam, geröstet
2 Bund	Kapuzinerkresse
1 Handvoll	Fenchelblüten

Dressing

6 EL	Rapsöl
3 EL	weißer Balsamicoessig
1	Limette, Saft und abgeriebene Schale
1	grüne Chili, entkernt und fein gewürfelt
1 EL	helle Sojasauce
1 EL	Akazienhonig
1 TL	Wasabipaste

»

Für Gurkensalat verwende ich am liebsten die Nostrano-Gurke. Sie hat eine leicht stachelige Haut und enthält mehr Fruchtfleisch als andere Gurken. Der Wassergehalt ist besonders hoch, dennoch hat sie einen sehr intensiven, feinen Geschmack.

kräuter pinienkern salat mit löwenzahn und zimtöl

Für das Zimtöl Olivenöl auf 60 Grad erwärmen und den Zimt dazugeben. Abgedeckt über Nacht ziehen lassen. Dann durch ein Sieb passieren.

Die Schalotten in feine Ringe schneiden. Grünteepulver und Reismehl mischen und die Schalotten damit vermengen. Bei 160 Grad knusprig frittieren. Auf Küchenpapier abtropfen lassen.

Alle Zutaten für das Dressing gut verrühren.

Kräuter, Löwenzahn und Pinienkerne mischen, mit dem Dressing marinieren und abschmecken. In Schüsseln anrichten und mit dem Schalottenfritt bestreuen.

Zimtöl

100 ml Olivenöl
5 Zimtstangen, grob gemörsert

Schalottenfritt

3 Schalotten
1 Msp. Matcha-Grünteepulver
1 TL Reismehl
Öl zum Frittieren

Dressing

3 EL Estragonessig
1 Limette, Saft und abgeriebene Schale
5 EL Zimtöl
Fleur de Sel
schwarzer Pfeffer aus der Mühle

Salat

300 g gemischte Kräuter (z. B. Blattpetersilie, Basilikum, Minze, Estragon, Brunnenkresse, Kerbel), gewaschen und gezupft
100 g feine Löwenzahnblätter, gewaschen
150 g Pinienkerne, geröstet

»

So ein grüner Powersalat steckt voller Vitamine und Mineralstoffe. Die Kräuter können nach Lust und Laune kombiniert werden, ihr Geschmack verbindet sich hervorragend mit den knackigen, nussigen Pinienkernen.

karotten passionsfrucht salat mit ajowan und rotem basilikum

Alle Zutaten für das Dressing gut verrühren.

Die Karotten in sehr dünne Scheiben hobeln und kurz in Eiswasser legen. Abgießen und mit dem Dressing marinieren.

Den Karottensalat anrichten und die roten Basilikumblätter sowie die Basilikumblüten darübergeben.

Dressing

8	Passionsfrüchte
1	unbehandelte Zitrone, Saft und abgeriebene Schale
2 EL	Ahornsirup
½ TL	Ajowan, geröstet und gemörsert
6 EL	Olivenöl
	Fleur de Sel
	schwarzer Pfeffer aus der Mühle

Salat

400 g	bunt gemischte Karotten (z. B. Burgunder, Pfälzer, Küttiger)
1 Bund	roter Basilikum
	Basilikumblüten

»

Diese alten Karottensorten haben es mir angetan. Ihr Geschmack ist unglaublich aromatisch, und das Farbenspiel ist ein Traum.

grüner papaya salat mit pistazien und gewürzfenchel

Die Papaya schälen und in sehr feine Streifen hobeln. Die Zuckerschoten ebenfalls der Länge nach in sehr feine Streifen schneiden.

Alle Zutaten für das Dressing gut verrühren, bis sich der Zucker aufgelöst hat. Gewürzfenchel zupfen und mit Papaya und Zuckerschoten mischen. Mit dem Dressing mischen und die Pistazien dazugeben.

In tiefen Tellern anrichten, Kokos-Chutney und Fenchelblüten darauf verteilen.

Salat

1 große	grüne Gemüsepapaya
150 g	Zuckerschoten
1 Bund	Gewürzfenchel
100 g	Pistazien, geröstet und gehackt

Dressing

1	grüne Chili, entkernt und fein gewürfelt
1	Knoblauchzehe, geschält und fein gerieben
3 EL	Limettensaft
1 TL	abgeriebene Limettenschale
3 EL	Zucker
3 EL	Fischsauce
2 Msp.	gemörserte Fenchelsamen

4 EL	Kokos-Koriander-Chutney (siehe Basics Seite 337)
1 Handvoll	Fenchelblüten

»

Der Salat ist eine wunderbare Beilage zu Fisch und Meeresfrüchten vom Grill – knackig und erfrischend!

grüner tomatensalat mit sauerampfer und ziegenkäse

Die Tomaten vom Strunk befreien und in feine Schnitze schneiden.

Für das Dressing alle Zutaten gut verrühren. Die Tomaten damit marinieren und mit Ziegenfrischkäse, Sauerampfer und Knäckebrot in Schalen anrichten.

Salat

400 g	grüne Tomaten
200 g	Ziegenfrischkäse
2 Bund	Sauerampfer
1 Handvoll	Knäckebrot in Stücken (siehe Gebäck Seite 287)

Dressing

1	Limette, Saft und abgeriebene Schale
6 EL	Olivenöl
½ TL	Dijonsenf
1 Prise	Anis, gemahlen
	Fleur de Sel
	schwarzer Pfeffer aus der Mühle

»

Ich liebe grüne Tomaten – dieses ganz spezielle Tomatengrün und ihren Geschmack natürlich. Sie inspirieren mich immer sehr: zu grünem Tomaten-Chutney oder grüner Tomaten-Gazpacho. Für mich sind sie der perfekte Begleiter für so viele Kräuter.

bohnen röstschalotten salat mit estragon und haselnüssen

Die Bohnen in kochendem Salzwasser in 4–5 Minuten bissfest garen und in Eiswasser abschrecken. Die Bohnen längs halbieren.

Für das Dressing Schalotten, Knoblauch, Ingwer und Chili im Sonnenblumenöl anbraten, bis die Schalotten goldbraun sind. Sojasauce, Balsamico und Chilisauce darunterrühren.

Die Bohnen mit Dressing, Estragonblättern, Bohnenkraut, Haselnüssen und Fleur de Sel marinieren. Anrichten und mit frittiertem Estragon bestreuen.

Salat

400 g	grüne, feine Bohnen
2 Bund	Estragon, gezupft, einen Teil frittiert
2 EL	gehacktes Bohnenkraut
100 g	Haselnüsse, geröstet und grob gehackt
	Fleur de Sel

Dressing

2	Schalotten, fein gewürfelt
2	Knoblauchzehen, geschält und fein gewürfelt
2 EL	fein gehackter Ingwer
1	rote Chili, fein gewürfelt
50 ml	Sonnenblumenöl
2 EL	Sojasauce
2 EL	Balsamicoessig
2 EL	süße Chilisauce

roher artischocken salat mit salbei und fourme d'ambert

3 große	Artischocken
2	unbehandelte Zitronen, Saft und abgeriebene Schale
1 Bund	Salbei, gewaschen und gezupft (einige Salbeiblätter nach Belieben zum Frittieren zurückbehalten)
½ Bund	Petersilie, gewaschen und gezupft
70 ml	Salbeiöl (siehe Basics Seite 327)
	Fleur de Sel
	schwarzer Pfeffer aus der Mühle
200 g	Fourme d'Ambert (oder anderer Blauschimmelkäse)

Die Stiele der Artischocken herausbrechen und die äußeren harten Blätter entfernen. Die inneren hellen Blätter mit einem sehr scharfen Messer abschneiden, sodass die Böden übrig bleiben.

Diese schälen und mit einem kleinen Löffel das Heu herauskratzen. Anschließend mit dem Saft von 1 Zitrone in Wasser legen.

Die Artischockenherzen in dünne Scheiben hobeln und mit dem restlichen Zitronensaft, den Kräutern und dem Salbeiöl gut vermischen. Mit Fleur de Sel und Pfeffer abschmecken.

In Schüsseln anrichten und den zerbröselten Fourme d'Ambert darauf verteilen. Falls gewünscht ein frittiertes Salbeiblatt daraufgeben.

»

Die Artischocken zu putzen macht zwar etwas Mühe, aber es lohnt sich. Nach dem Putzen ist es wichtig, sie sofort in Zitronenwasser zu legen; damit sich die Hände nicht dunkelbraun verfärben, immer Gummihandschuhe tragen.

radicchio granatapfel salat mit sumach und shiso

Für das Dressing alle Zutaten bis auf das Öl vermengen und aufkochen. 1 Stunde ziehen lassen und durch ein Sieb passieren. Mit dem Rapsöl verrühren und abschmecken.

Reismehl und Sumach mischen. Die Schalotten in feine Scheiben schneiden und in der Mehlmischung wenden. Im 160 Grad heißen Öl knusprig frittieren.

Shiso, Radicchio und Granatapfelkerne mischen. Mit dem Dressing marinieren und in Schalen anrichten.

Perlzwiebel-Pickles, Schalottenfritt und Shisokresse darauf verteilen.

	Dressing
45 ml	Himbeeressig
1 EL	Sojasauce
35 ml	Wasser
2 EL	Zucker
1 Prise	Salz
2	Sternanis
½ TL	Sumach
100 ml	Rapsöl
	Schalottenfritt
1 TL	Reismehl
1 TL	Sumachpulver
3	Schalotten
	Öl zum Frittieren
	Salat
1 Handvoll	rote Shisoblätter, grob geschnitten
2 Köpfe	Radicchio (Trevisano), gewaschen und grob geschnitten
1	Granatapfel, die Kerne ausgelöst
100 g	Cassis-Perlzwiebeln (siehe Teilrezept Seite 211)
1 Handvoll	rote Shisokresse

»

Allein vom Optischen her ist der Radicchio Trevisano ein kleines rot-weißes Wunderwerk. Er ist sehr bitter – und das ist toll. Ich finde es sehr wichtig, auch bittere Speisen zu essen, wo heutzutage alles sehr süß geworden ist.

röstkartoffel rucola salat mit cashewpesto

Die Kartoffeln gut waschen und schrubben. Mit der Schale der Länge nach vierteln und in einer Schüssel mit Olivenöl und Rosmarinzweigen marinieren. Die Kartoffelspalten auf einem mit Backpapier ausgelegten Backblech verteilen und im 190 Grad heißen Backofen etwa 25 Minuten backen.

Die Frühlingszwiebeln waschen und schräg in dünne Ringe schneiden.

Vom Rucola einige Blätter knusprig frittieren. Den Rest in feine Streifen schneiden.

Für das Pesto alle Zutaten kurz mixen und abschmecken.

Die fertig gebackenen Röstkartoffeln mit Rucolastreifen, Frühlingszwiebeln sowie einem Teil des Pestos und Balsamicoessig marinieren. Den Salat mit Fleur de Sel bestreuen und in Schalen anrichten. Mit Cashewnüssen und Rucolafritt bestreuen.

	Salat
500 g	kleine neue Kartoffeln
4 EL	Olivenöl
4 Zweige	Rosmarin
4	Frühlingszwiebeln
2 Bund	Rucola, gewaschen
	etwas Öl zum Frittieren (z. B. Sonnenblumenöl)
4 EL	weißer Balsamicoessig
	Fleur de Sel
50 g	Cashewnüsse, geröstet und gehackt

	Pesto
2 Bund	Rucola (ca. 100 g), gewaschen und geschnitten
1 Bund	Basilikum (ca. 50 g), gezupft und geschnitten
150 ml	mildes Olivenöl
100 g	Cashewnüsse, geröstet und grob gehackt
80 g	Pecorino, gerieben
1	Knoblauchzehe, geschält und gehackt
	Salz
	schwarzer Pfeffer aus der Mühle

»

Der Salat ist toll als Beilage zu gegrilltem Fisch oder Fleisch. Mit etwas zerbröseltem Ziegenkäse darauf wird er zu einem feinen vegetarischen Hauptgang.

weißkohl apfel salat mit kreuzkümmel und thaibasilikum

Den Weißkohl sehr fein aufschneiden. Die Äpfel vierteln, den Strunk herausschneiden und in feine Scheibchen schneiden. Den kandierten Ingwer würfeln und die Basilikumblätter abzupfen.

Für das Dressing alle Zutaten mixen und durch ein Sieb passieren.

Kohl, Äpfel und Ingwer mischen und mit dem Dressing marinieren. In Schalen anrichten und mit den Thaibasilikumblättern und Kreuzkümmel bestreuen.

Salat

1	junger Weißkohl
2	grüne Äpfel
3 EL	kandierter Ingwer
1 Bund	Thaibasilikum
½ TL	Kreuzkümmel, geröstet und gemörsert

Dressing

1 Bund	Thaibasilikum, gezupft
1	grüne Chili, entkernt und fein geschnitten
1 EL	gehackter Ingwer
50 ml	Sonnenblumenöl
25 ml	Olivenöl
30 ml	Limettensaft
1 TL	abgeriebene Limettenschale
1 Msp.	Zucker
	Salz

»

Krautsalat war in meiner Kindheit oft auf dem Speiseplan – sehr deftig mit Kümmel und Speck zubereitet. Diese frische Variante mit Apfel und Ingwer zeigt den Krautsalat von einer neuen, spritzigen und leichten Seite. Mit ein paar gebratenen Crevetten ist er ein feiner sommerlicher Hauptgang.

tomaten gersten salat mit chili und bronzefenchel

Für das Dressing alle Zutaten mixen und abschmecken.

Die Rollgerste in einem Sieb kalt abspülen. Im gesalzenen Gemüsefond etwa 15 Minuten weich garen und abgießen.

Die Tomaten halbieren und mit der Gerste mischen. Einen Teil des Bronzefenchels fein schneiden und ebenfalls daruntermischen.

Mit dem Dressing marinieren und in Schalen anrichten. Den restlichen Bronzefenchel darauf verteilen.

	Dressing
100 ml	Tomatensaft
3 EL	weißer Balsamicoessig
2	rote Chilischoten, entkernt und fein gewürfelt
2 Msp.	Fenchelsamen, gemörsert
50 ml	Olivenöl
	Salz
	Salat
200 g	Rollgerste
1 l	Gemüsefond
300 g	Datteltomaten, gewaschen
2 Bund	Bronzefenchel, gewaschen und gezupft

sauerklee

suppe

Sie sind in meiner Küche ein Willkommensgruß und der vitale Auftakt zum Menü. Dabei bekommen ganz schlichte Suppen mit dem richtigen Kraut einen aromatischen Tiefgang. Auch das Mundspiel macht mir Freude: Der knusprig frittierte Salbei gibt der cremigen Selleriesuppe einen Kick, und Sauerampfer verleiht der frischen Gurkensuppe eine säuerlich-herbe Würze.

Mir gefällt, dass man bei Suppen die Kräuter großzügig dosieren darf. Und manchmal gleich Hände voller frischer Kräuter über die dampfende Schüssel streuen kann.

gurken buttermilch lassi mit sauerampfer

Für das Lassi alle Zutaten fein mixen, abschmecken und durch ein feines Sieb passieren. Im Kühlschrank 1 Stunde durchkühlen lassen.

Das Lassi in Schalen gießen. Die Snackgurkenscheiben hineingeben, das Kräuteröl zugießen und Sauerklee oder Sauerampferblätter darauf verteilen.

Lassi

1	Salatgurke, gewaschen und klein geschnitten
2	Frühlingszwiebeln, gewaschen und klein geschnitten
500 ml	Buttermilch
50 ml	Kräuteröl (siehe Basics Seite 329)
1	Limette, Saft und abgeriebene Schale
1	grüne Chili, entkernt und gewürfelt
2 Bund	Sauerampfer, grob geschnitten
2 EL	Akazienhonig
	Salz

2 kleine	Snackgurken, in Scheiben geschnitten
40 ml	Kräuteröl
2 Handvoll	Sauerampferblätter oder Sauerklee

»

Ich liebe Buttermilch und könnte sie ständig trinken. Deshalb verwende ich sie auch gerne in Rezepten, die leicht und frisch sind. Sie ist eine perfekte Basis für kalte Suppen.

paprika rosmarin essenz mit safran frittata

Paprika, Schalotten, Knoblauch und Karotten würfeln und in einem Topf im heißen Olivenöl anbraten. Rosmarin dazugeben und 3 Minuten weiterbraten. Safran in den Weißwein rühren und damit ablöschen. 5 Minuten einreduzieren lassen. Mit Gemüsefond auffüllen und 20 Minuten köcheln lassen. Abschmecken und durch ein Sieb passieren.

Für die Frittata die Paprika in einer beschichteten Pfanne im Olivenöl kurz anbraten. Den gehackten Rosmarin und Gewürze dazugeben.

Die restlichen Zutaten verrühren, mit Salz und Pfeffer abschmecken und in die Pfanne geben. Bei mittlerer Temperatur stocken lassen und im 200 Grad heißen Backofen goldbraun 6 Minuten fertig garen.

Die Frittata in Würfel schneiden und in eine Schale geben. Die Paprika-Rosmarin-Essenz angießen und Rosmarinfritt, Paprikascheiben und Blüten darauf verteilen.

Essenz

500 g	gelbe Paprika (Peperoni)
3	Schalotten
2	Knoblauchzehen
2	Karotten
3 EL	Olivenöl
1 Bund	Rosmarin, Nadeln abgezupft
1 Msp.	Safranpulver
200 ml	Weißwein
1,3 l	Gemüsefond
	Salz
	schwarzer Pfeffer aus der Mühle

Frittata

1	gelbe Paprika, entkernt und fein gewürfelt
1 EL	Olivenöl
1 EL	Rosmarin, fein geschnitten
1 Msp.	Safranpulver
2 Msp.	Kreuzkümmel, gemahlen
2	Eier
1	Eiweiß
150 ml	Milch

1 EL	Rosmarinnadeln, frittiert
	dünne Scheiben rohe gelbe Paprika
	gelbe Blüten (z. B. Kapuzinerkresse oder Chrysanthemen)

frühlingszwiebel thymian tee mit grießknödeln

Tee

10	Frühlingszwiebeln, gewaschen
3 EL	Rapsöl
	Salz
	schwarzer Pfeffer aus der Mühle
2	Knoblauchzehen, geschält
3	Selleriestangen
1½ l	Gemüsefond
1 Bund	Zitronenthymian, mit Stängeln grob geschnitten (ein paar Blättchen beiseitelegen)
1	Limette, Saft und abgeriebene Schale
1 EL	Honig

Knödel

200 ml	Vollmilch
80 g	Butter
90 g	feiner Weizengrieß
1	Ei
2 EL	gehackter Zitronenthymian
1 Msp.	Kardamom, gemahlen
	Öl zum Frittieren (z. B. Sonnenblumenöl)

4 Frühlingszwiebeln vom dunklen Grün befreien und vierteln. Das dunkle Grün in feine Ringe schneiden und beiseitestellen. Die Viertel in 1 EL Öl rundherum goldbraun anbraten und mit Salz und Pfeffer würzen.

Für den »Tee« die restlichen Frühlingszwiebeln sowie den Knoblauch klein schneiden und in einem Topf im restlichen Öl (2 EL) anbraten. Den Sellerie auch klein schneiden, dazugeben und kurz mit anschwitzen. Mit dem Gemüsefond ablöschen und aufkochen. 10 Minuten köcheln lassen. Die restlichen Zutaten dazugeben und weitere 10 Minuten leicht köcheln lassen.

Durch ein feines Sieb passieren.

Für die Knödel Vollmilch und Butter in einen Topf geben und einmal aufkochen lassen. Weizengrieß einrieseln lassen und aufkochen. Unter Rühren köcheln, bis sich ein Belag am Topfboden bildet. Vom Herd nehmen, Ei und Thymian darunterrühren und mit Kardamom, Salz und Pfeffer würzen.
Für 2 Stunden in den Kühlschrank stellen. Aus der Masse kleine Knödel formen und im 170 Grad heißen Öl goldbraun frittieren.

Die Frühlingszwiebelviertel im »Tee« erwärmen und in Schalen anrichten. Die Knödel hineingeben und mit Frühlingszwiebelgrün und Thymianblättchen bestreuen.

rote bete basilikum suppe mit kokos chutney

Das Öl in einem großen Topf erhitzen und darin Zwiebeln, Knoblauch, Ingwer, Chili, Kreuzkümmel und Koriandersamen etwa 5 Minuten unter Rühren anbraten. Kurkuma und Rote Bete dazugeben und weitere 5 Minuten bei mittlerer Hitze braten. Dann mit Gemüsefond, Kokosmilch und Rote-Bete-Saft aufgießen, salzen, aufkochen und 30 Minuten köcheln lassen. Basilikum dazugeben und die Suppe mixen. Durch ein feines Sieb passieren.

Für das Kokos-Chutney alle Zutaten außer den Kokosflocken mixen und anschließend mit den Kokosflocken mischen.

Die Suppe in Schalen geben und das Kokos-Chutney sowie die Basilikumblätter darauf verteilen.

Suppe

2 EL	Öl
2	rote Zwiebeln, geschält und gewürfelt
2	Knoblauchzehen, geschält und gehackt
2 EL	gehackter Ingwer
1	rote Chili, entkernt und gewürfelt
1 TL	Kreuzkümmel
½ TL	Koriandersamen
500 g	Rote Bete (Randen)
500 ml	Gemüsefond
500 ml	Kokosmilch
500 ml	Rote-Bete-Saft (Randensaft)
	Salz
1 Handvoll	rote Basilikumblätter

Kokos-Chutney

1	Knoblauchzehe, geschält und gewürfelt
3 EL	Zitronensaft
4 EL	Rote-Bete-Saft (Randensaft)
2 EL	fein geschnittenes rotes Basilikum
1 TL	Zucker
2 EL	gehackter Ingwer
50 g	Kokosflocken

1 Handvoll	rote Basilikumblätter

karotten roibusch lassi mit taschenkrebs und koriander

Wasser aufkochen, Tee, Gewürze und Zitronengras dazugeben und 7 Minuten ziehen lassen. Orangensaft und -schale dazugeben. Abpassieren und mit Karottensaft, Milch und Sauerrahm verrühren. Mit Salz, Pfeffer, Zucker und Zitronensaft abschmecken.

Alle Zutaten für den Pickle-Sud aufkochen und 30 Minuten ziehen lassen. Nochmals aufkochen und über die Karottenscheiben gießen. Im Sud erkalten lassen.

Das Taschenkrebsfleisch mit allen anderen Zutaten marinieren und abschmecken.

Das Krebsfleisch in Ringen auf tiefen Tellern anrichten und die Lassi angießen. Karotten-Pickles dazugeben. Rapsöl darüberträufeln und Korianderblüten darüberstreuen.

Lassi

200 ml	Wasser
4 EL	Roibuschtee
1 TL	Korianderkörner
4	Kardamomkapseln
2 Stängel	Zitronengras, fein geschnitten
1	unbehandelte Orange, Saft und abgeriebene Schale
	Salz
	schwarzer Pfeffer aus der Mühle
500 ml	Karottensaft
200 ml	Milch
200 g	Sauerrahm
1 Prise	Zucker
1 Spritzer	Zitronensaft

Pickles

125 ml	Apfelessig
90 ml	Wasser
50 g	Zucker
1 TL	Salz
4 Scheiben	Ingwer
1	Sternanis
2 EL	Roibuschtee
2 große	Karotten, geschält und in feine Scheiben gehobelt

Taschenkrebs

300 g	Taschenkrebsfleisch, gekocht
60 g	Sauerrahm
1 EL	Dijonsenf
1 TL	Honig
1 TL	Zitronensaft

2 EL	kaltgepresstes Rapsöl
1 Handvoll	Korianderblüten

röstzwiebel essenz mit limettenblättern und sesam tofu

Zwiebeln und Knoblauch im heißen Sesamöl etwa 10 Minuten dunkel anbraten. Ingwer, Limettenblätter und Chili zugeben und kurz mitbraten. Mit Gemüsefond ablöschen und 20 Minuten köcheln lassen. Mit Sojasauce und Limettensaft abschmecken und durch ein feines Sieb passieren.

Für die Einlage den Tofu mit Sesamöl, Sojasauce, Sesam und abgeriebene Limettenschale gut vermischen. Tofu auf einem mit Backpapier ausgelegten Backblech verteilen und im 200 Grad heißen Backofen etwa 15 Minuten knusprig backen.

Udon-Nudeln und Zuckerschoten in der Suppe erwärmen und den Tofu, die frittierten Limettenblätter sowie die Basilikumblätter darauf verteilen.

Essenz

4	große Zwiebeln, geschält und gewürfelt
3	Knoblauchzehen, geschält und gewürfelt
3 EL	Sesamöl
2 EL	gehackter Ingwer
8	Limettenblätter, geschnitten
1	grüne Chili, entkernt und gewürfelt
1½ l	Gemüsefond
3 EL	Sojasauce
2 EL	Limettensaft

Einlage

300 g	Tofu, gewürfelt
1 EL	Sesamöl
1 EL	Sojasauce
2 EL	Sesam
½ TL	abgeriebene Limettenschale
300 g	Udon-Nudeln (Asialaden)
200 g	Zuckerschoten, blanchiert und in Streifen geschnitten
8	Limettenblätter, in feinste Streifen geschnitten und frittiert
1 Handvoll	Thaibasilikumblätter

»

Beim Tofu ist es wichtig, einen glatten, feinen Tofu zu wählen. Nur so kann er im Ofen schön knusprig und lecker rösten.

erbsen estragon suppe mit pecorino flan

Die Frühlingszwiebeln im heißen Öl andünsten. Gemüsefond und Rahm dazugießen, würzen und 3 Minuten kochen lassen. Die Erbsen dazugeben und weitere 5 Minuten köcheln lassen. Den Estragon beifügen, die Suppe mixen und durch ein feines Sieb passieren.

Für den Flan den Rahm mit Estragon und Salz aufkochen und mit dem Mixstab durchmixen. Durch ein feines Sieb passieren und den Pecorino unterrühren. Das Ei unterrühren und die Masse in 6 gefettete Silikonformen (4 cm Durchmesser) füllen. Bei 190 Grad 12 Minuten im Wasserbad stocken lassen.

Inzwischen die Erbsen kurz in kochendem Salzwasser blanchieren, abgießen und in die heiße Suppe geben. Die Flans in Schalen setzen und die Suppe dazugießen. Zuckerschotenchips, frittierten Estragon und Estragonöl darüber verteilen.

	Suppe
3	Frühlingszwiebeln, gewaschen und fein geschnitten
1 EL	Öl
800 ml	Gemüsefond
400 ml	Rahm (Sahne)
	Salz
	schwarzer Pfeffer aus der Mühle
500 g	Erbsen
1 Bund	Estragon, gezupft und fein geschnitten
500 g	frische Erbsen
	Flan
110 ml	Rahm (Sahne)
½ Bund	Estragon, samt Stielen grob geschnitten
1 Prise	Salz
30 g	Pecorino, gerieben
1	Ei
	Olivenöl für die Formen
5 EL	Estragonöl (siehe Basics Seite 329)
½ Bund	Estragonblätter, frisch und frittiert
1 Handvoll	Zuckerschotenchips (siehe Tipp)

»
Eine hübsche und leckere Dekoration für dieses Gericht sind getrocknete Knusperzuckerschoten. Hierfür die Zuckerschoten kurz in Salzwasser blanchieren, in Eiswasser abschrecken und gut trocken tupfen. Halbieren und nebeneinander auf ein Blech mit Backpapier legen. Im 90 Grad heißen Backofen 1 Stunde trocknen. Man kann sie dann auch mixen und mit Kräuter-Mie-de-pain mischen. So erhält man eine leckere Streugarnitur.

dill dashi mit jakobsmuscheln und fenchel

Für die Dashi Zwiebeln, Fenchel und Ingwer im Rapsöl anschwitzen. Zitronengras und Gemüsefond dazugeben und 15 Minuten köcheln lassen. Alle restlichen Zutaten zugeben und 5 Minuten ziehen lassen. Durch ein feines Sieb passieren.

Den Fenchel fein hobeln und in Eiswasser legen.

Die Jakobsmuscheln mit Salz würzen und im heißen Rapsöl von beiden Seiten etwa 1½ Minuten braten.

Jakobsmuscheln und Fenchel in Suppentellern anrichten und die Dashi dazugießen. Mit Dill und Dillblüten bestreuen.

	Dashi
2	Zwiebeln, geschält und gewürfelt
300 g	Fenchel, Strunk entfernt und gewürfelt
3 EL	gewürfelter Ingwer
2 EL	Rapsöl
2 Stängel	Zitronengras, geschnitten
1½ l	Gemüsefond
2 Bund	Dill, mit Stängel grob geschnitten
1 EL	Bonitoflocken (Asialaden)
1 Stück	Kombualge (Asialaden)
50 ml	Sojasauce, hell
	Einlage
200 g	Fenchel, Strunk entfernt
8	Jakobsmuscheln
	Salz
1 EL	Rapsöl
1 Bund	Dill, gezupft
1 Handvoll	Dillblüten

sellerie suppe mit salbei und roquefort

Die Butter in einem Topf erhitzen und Sellerie, Zwiebeln und Knoblauch darin anschwitzen. Fenchelsamen und Salbei dazugeben und kurz mitbraten. Mit Weißwein ablöschen und einreduzieren lassen. Den Gemüsefond dazugeben und 20 Minuten köcheln lassen. Den Rahm dazugeben, würzen und aufkochen.

200 g des Roqueforts dazugeben und fein mixen. Die Suppe durch ein feines Sieb passieren.

Sauerteigbrot in der Butter von beiden Seiten in einer Pfanne knusprig braten. In kleine Stücke reißen.

Die Suppe in Schalen füllen und den restlichen Roquefort daraufbröseln. Brotcroûtons und frittierte Salbeiblätter darauf verteilen.

	Suppe
3 EL	Butter
600 g	Knollensellerie, gewürfelt
2	Zwiebeln, geschält und gewürfelt
2	Knoblauchzehen, geschält und gewürfelt
½ TL	Fenchelsamen
1 Handvoll	Salbeiblätter
200 ml	Weißwein
1,2 l	Gemüsefond
400 ml	Rahm (Sahne)
	Salz
	schwarzer Pfeffer aus der Mühle
300 g	Roquefort
2 Scheiben	Sauerteigbrot
3 EL	Butter
	frittierte Salbeiblätter

tomaten amarant suppe mit schafskäse und bronzefenchel

Schalotten, Knoblauch, Chili und Ingwer im heißen Öl andünsten. Tomaten und Amarant dazugeben und mit dem Gemüsefond auffüllen. Mit Anis, Zucker und Salz abschmecken und 20 Minuten köcheln lassen.

Den Bronzefenchel zupfen und sehr fein schneiden. In die fertige Suppe einrühren und diese in Schalen füllen. Mit dem Schafskäse bestreuen.

4	Schalotten, geschält und gewürfelt
2	Knoblauchzehen, geschält und gehackt
1	rote Chili, entkernt und fein gewürfelt
1 EL	fein gewürfelter Ingwer
3 EL	Olivenöl
2 kg	sehr reife Tomaten, Strunk entfernt und gewürfelt
100 g	Amarant, klein geschnitten
1,2 l	Gemüsefond
1 Msp.	Anis, gemahlen
1 Prise	brauner Zucker
	Salz
1 Bund	Bronzefenchel
200 g	Schafskäse, zerbröselt

»

Meine liebsten Tomaten für Suppen sind die großen, hocharomatischen Ochsenherztomaten. Der Geschmack und die Auswahl an Tomatensorten hat sich in den letzten Jahren erfreulicherweise sehr verbessert.

kürbis kokos suppe mit crevettenknödeln und fenchelblüten

Für das Fenchelöl das Olivenöl mit dem Fenchel auf 70 Grad erwärmen. 3 Stunden ziehen lassen und durch ein Sieb abgießen.

Für die Suppe das Öl in einem großen Topf erhitzen und darin Zwiebeln, Knoblauch, Ingwer, Chili und Fenchelsamen etwa 5 Minuten unter Rühren anbraten. Kurkuma und Kürbis dazugeben und weitere 5 Minuten bei mittlerer Hitze braten. Dann mit Gemüsefond und Kokosmilch aufgießen, salzen, aufkochen und 20 Minuten köcheln lassen. Anschließend die Suppe mixen.

Die Crevetten von Hand oder im Cutter sehr fein hacken. Knoblauch, Ingwer, Schalotte, Zitronengras und Currypaste im heißen Öl etwa 2 Minuten anbraten. Dann im Mörser zu einer Paste verarbeiten. Mit den Crevetten und den restlichen Zutaten gut vermischen und 1 Stunde im Kühlschrank gut ziehen lassen.

Aus der Masse kleine Knödel formen und in kochendes Salzwasser geben. Vom Herd nehmen und 5 Minuten ziehen lassen.

Die Suppe in Schalen füllen, Knödel hineingeben und Fenchelöl sowie -blüten und Kokoschips daraufgeben.

Fenchelöl

100 ml Olivenöl
3 EL Fenchelkörner, zerstoßen

Suppe

2 EL Sesamöl
2 rote Zwiebeln, geschält und gewürfelt
2 Knoblauchzehen, geschält und gehackt
2 EL gehackter Ingwer
1 rote Chili, entkernt und gewürfelt
1 TL Fenchelsamen
1 TL Kurkuma
500 g Kürbis, in Würfel geschnitten
1 l Gemüsefond
500 ml Kokosmilch
Salz

Crevettenknödel

500 g Crevetten, geschält und Darm entfernt
1 Knoblauchzehe, geschält und gehackt
1 EL gehackter Ingwer
1 EL gehackte Schalotte
1 EL gehacktes Zitronengras
½ TL grüne Currypaste
1 TL Öl
8 Fenchelblüten, fein gehackt
½ Limette, abgeriebene Schale
2 TL Kokosmilch
2 TL Fischsauce

1 Handvoll Fenchelblüten
1 Handvoll Kokoschips

brunnenkresse piment suppe mit pistazien gremolata

Das Olivenöl in einem Topf erhitzen. Schalotten, Knoblauch, Sellerie und Frühlingszwiebeln anschwitzen und mit dem Weißwein ablöschen. Mit der Gemüsebrühe auffüllen und 20 Minuten köcheln lassen. Rahm, Piment und Brunnenkresse beigeben, nochmals aufkochen und fein mixen. Abschmecken und durch ein Sieb passieren.

Für die Gremolata das Brot auf ein Backblech legen und mit dem Kräuteröl bestreichen. Im 160 Grad heißen Backofen etwa 15 Minuten knusprig rösten.

Die Schalotten in feine Ringe schneiden und mit Reismehl mehlieren. Im 170 Grad heißen Öl knusprig frittieren und abtropfen lassen.

Die Petersilienblätter ebenfalls frittieren und auf Küchenpapier abtropfen lassen.

Pistazien, Brot, Schalottenfritt, Petersilienblätter und Fleur de Sel im Cutter mixen.

Die Suppe in Schalen anrichten. Gremolata, Kräuteröl und Brunnenkresseblätter daraufgeben.

	Suppe
2 EL	Olivenöl
2	Schalotten, fein gewürfelt
1	Knoblauchzehe, geschält und fein gewürfelt
100 g	Knollensellerie, gewürfelt
3	Frühlingszwiebeln, gewaschen und gewürfelt
100 ml	Weißwein
1 l	Gemüsefond
300 ml	Rahm (Sahne)
2 Msp.	Piment, gemahlen
100 g	Brunnenkresse
	Gremolata
3 Scheiben	Sauerteigbrot
2 EL	Kräuteröl (siehe Basics Seite 329)
2	Schalotten
2 EL	Reismehl
	Öl zum Frittieren (z. B. Sonnenblumenöl)
1 Bund	Petersilie, gezupft
75 g	Pistazien, geröstet
	Fleur de Sel
4 EL	Kräuteröl (siehe Basics Seite 329)
1 Handvoll	Brunnenkresse

gelbe wassermelonen gazpacho mit basilikumöl

Aus der Wassermelone eine Handvoll Kugeln ausstechen. Das restliche Fruchtfleisch grob würfeln und mit allen übrigen Zutaten fein mixen. Mit Salz und Pfeffer abschmecken und kalt stellen.

Die Gazpacho samt den Melonenkugeln in Schalen füllen und Basilikumöl, Basilikumblätter und Blüten darauf verteilen.

Gazpacho

1	gelbe Wassermelone (ca. 700 g) ohne Kerne
1	Schalotte, gewürfelt
200 g	gelbe Tomaten, Strunk entfernt und gewürfelt
1 kleine	grüne Chili, entkernt und gewürfelt
2 EL	Zitronensaft
1 EL	Akazienhonig
	Salz
	schwarzer Pfeffer aus der Mühle
50 ml	Basilikumöl (siehe Basics Seite 329)
1 Handvoll	kleine Basilikumblätter
1 Handvoll	gelbe Blüten (z. B. Rucola oder gelbe Ringelblumen)

»
Die Gazpacho lässt sich natürlich auch wunderbar mit roter Wassermelone und roten Tomaten zubereiten.

schnittlauch

fisch

Fisch erfüllt mich kulinarisch und spornt mich zu aromatischen Meisterleistungen an. Denn genau wie bei den Kräutern erfordert seine Zubereitung meine Hingabe und Sorgfalt. So ist es eine Wonne, wenn der Wolfsbarsch mit einem Bauch voller Mitsuba, Minze, Koriander und Basilikum in der Grüntee-Salzkruste backt. Wenn der Geist wach ist, funktioniert das Aromenspiel von Jakobsmuschel, Limette, Petersilie und Minze. Dann kann auch munter farblich kombiniert und Zander mit Verveine, Zucchini und Grünteejoghurt angerichtet werden. Wenn Kräuter und Fisch zusammentreffen, sind die Möglichkeiten grenzenlos.

jakobsmuschel limetten tataki mit petersilienwurzel und minzöl

Alle Zutaten für die Marinade gut verrühren. Die Muscheln 2 Minuten damit marinieren und im heißen Öl von allen Seiten kurz anbraten.

Für das Püree die Petersilienwurzelwürfel in Salzwasser weich kochen und ausdampfen lassen. Mit Crème fraîche, Limettensaft und Kardamom zu einem glatten Püree mixen. Abschmecken und in einen Spritzbeutel füllen.

Für die Chips die Petersilienwurzeln schälen und sehr dünn der Länge nach hobeln. Mit Reismehl bestäuben und frittieren. Auf Küchenpapier gut abtropfen lassen und im Backofen bei 80 Grad ½ Stunde trocknen, anschließend salzen.

Die Jakobsmuscheln in Scheiben schneiden und mit Fleur de Sel würzen.

Die Äpfel würfeln und mit Limettenschale, -saft und Minzöl marinieren.

Die Muscheln auf Tellern anrichten, Püree und Apfelwürfel samt Marinade daraufgeben. Chips und Kräuter darauf verteilen.

Marinade

2 EL	helle Sojasauce
2 EL	Minzöl (siehe Basics Seite 329)
1	Limette, Saft und abgeriebene Schale

Tataki

8	Jakobsmuscheln
1 EL	Sonnenblumenöl
	Fleur de Sel

Petersilienwurzelpüree

200 g	Petersilienwurzel, geschält, grob gewürfelt
	Salz
2 EL	Crème fraîche
1 EL	Limettensaft
1 Prise	Kardamom

Chips

2 kleine	Petersilienwurzeln
1 EL	Reismehl
	Öl zum Frittieren (z. B. Sonnenblumenöl)

2	Äpfel
1	Limette, Saft und abgeriebene Schale
6 EL	Minzöl
1 Handvoll	Petersilienblätter
1 Handvoll	Minzblätter

saibling sake-mariniert mit rettich und zitronengrasöl

Für das Öl das Zitronengras mit dem Messerrücken klopfen und in feine Ringe schneiden. Mit dem Öl auf 70 Grad erwärmen und 3 Stunden bei Zimmertemperatur abgedeckt ziehen lassen.

Für die Marinade alle Zutaten gut verrühren. Den Saibling in große Würfel schneiden und damit marinieren.

Für die Pickles alle Zutaten für den Sud aufkochen und 20 Minuten köcheln lassen. Abpassieren und heiß über die Rettichkugeln und -würfel geben. Im Sud erkalten lassen.

Den Orangensaft mit allen Zutaten bis auf Sake und Agar-Agar auf die Hälfte einkochen. Agar-Agar mit Sake verrühren und zur Orangenreduktion geben. 2 Minuten sprudelnd köcheln lassen. In eine Schüssel füllen und im Kühlschrank fest werden lassen. Im Mixer zu einem cremigen Gel mixen.

Den Saibling samt Marinade in einer Schale anrichten. Die Rettich-Pickles und das Orangengelee dazugeben. Die abgetropften Rettichstreifen daraufsetzen und mit Kapuzinerblüten bestreuen.

Zitronengrasöl

200 ml Rapsöl
5 Stängel Zitronengras

Saibling

1 rote Chili, entkernt und fein gewürfelt
2 EL fein gewürfelter Ingwer
3 EL Fischsauce
70 ml Sake
1 unbehandelte Orange, abgeriebene Schale und 3 EL Saft
2 Limetten, Saft
2 EL Zucker
70 ml Zitronengrasöl
Salz
300 g Saiblingfilet, ohne Haut und Gräten

Pickles

500 ml Apfelessig
350 ml Wasser
20 g Zucker
½ TL Salz
2 Sternanis
4 Scheiben Ingwer
20 Korianderkörner
1 Msp. Kurkuma
2 große weiße Rettiche, einige Kugeln ausgestochen, ein Teil in Würfel geschnitten, ein kleiner Teil in feine Streifen geschnitten und in Eiswasser eingelegt

Orangengelee

2 unbehandelte Orangen, abgeriebene Schale und 1 EL Saft
1 Zitrone, Saft
150 g Honig
3 EL Sake
6 g Agar-Agar

1 Handvoll Kapuzinerkresseblüten

zander verveine-gebeizt mit zucchini und grüntee joghurt

Für die Zanderbeize alle Zutaten fein cuttern und den Fisch damit von allen Seiten bedecken. Abgedeckt im Kühlschrank 6 Stunden beizen. Den Fisch aus der Marinade nehmen, kurz abspülen und trocken tupfen. In dünne Scheiben aufschneiden.

Für die Vinaigrette alle Zutaten gut verrühren.

Für den Joghurt Grüntee, Verveineblätter, Kardamom, Limettensaft und -schale mit 100 ml Wasser aufkochen. 5 Minuten ziehen lassen und abpassieren. Mit dem Joghurt mischen und in einem Passiertuch oder Sieb über einer Schüssel im Kühlschrank 6 Stunden abtropfen lassen.

Die Zucchini in dünne Streifen und Scheiben schneiden und mit der Vinaigrette marinieren. Mit Fleur de Sel würzen.

Zander und Zucchini in Schalen anrichten und das Korianderöl angießen. Nach Belieben zum Beispiel mit Zitronenbasilikumblättchen und frittierten Verveineblättern bestreuen.

Zander

500 g	Zanderfilet, ohne Haut und Gräten
50 g	brauner Zucker
75 g	Salz
1	Limette, abgeriebene Schale
1 Bund	Zitronenverveine, gezupft
1 Bund	Koriander, gezupft
1 Bund	Blattpetersilie, gezupft

Vinaigrette

1	Limette, abgeriebene Schale
3 EL	Limettensaft
6 EL	Olivenöl
½ TL	Wasabipaste
1 Prise	gemahlener Kardamom

Joghurt

8 EL	Grüntee, Sencha
1 Bund	Zitronenverveine, gezupft
5	Kardamomkapseln
1	Limette, Saft und abgeriebene Schale
300 g	Naturjoghurt

3	Zucchini
	Fleur de Sel
4 EL	Korianderwurzelöl (siehe Basics Seite 327)
	Kräuter zum Bestreuen

»

Dies ist die vereinfachte Form einer Menüvorspeise bei uns im Restaurant. Der gebeizte Fisch mit dem zitrusartigen Verveinearoma ist ideal als erste leichte Vorspeise. Er regt den Appetit an und macht Lust auf mehr.

lachs orangen sashimi mit karotten taboulé und aniskraut

Alle Zutaten für die Sashimi-Marinade gut verrühren.

Den Lachs in ½ cm dicke Scheiben schneiden.

Den Bulgur in einem Sieb kalt abspülen und mit Karottensaft, kaltem Gemüsefond und Salz 45 Minuten quellen lassen. Mit einer Gabel auflockern und mit den restlichen Zutaten mischen und abschmecken.

Alle Zutaten für den Pickle-Sud aufkochen und 30 Minuten ziehen lassen. Durch ein feines Sieb passieren und nochmals aufkochen und über die Karottenscheiben gießen. Im Sud erkalten lassen.

Das Taboulé auf Tellern anrichten, den Lachs darauflegen und die Marinade über den Fisch geben. Karotten-Pickles und Aniskrautblätter darüber verteilen.

Marinade

2 EL helle Sojasauce
2 EL Orangensaft
1 EL Sesamöl
1 TL abgeriebene Orangenschale

Sashimi

400 g Lachsfilet, ohne Haut und Gräten

Taboulé

150 g Bulgur
200 ml Karottensaft
150 ml Gemüsefond
½ TL Salz
1 TL Orangenblütenwasser
1 unbehandelte Orange, Saft und abgeriebene Schale
1 Msp. gemahlener Anis
1 Msp. gemahlener Kreuzkümmel
1 EL Olivenöl
Salz
schwarzer Pfeffer aus der Mühle
1 Bund Aniskraut, gezupft und fein geschnitten (ein paar Blätter beiseitelegen)
50 g Pinienkerne, geröstet und gehackt

Pickles

125 ml Apfelessig
90 ml Wasser
50 g Zucker
1 TL Salz
4 Scheiben Ingwer
1 Sternanis
2 große Karotten, geschält und in feine Scheiben gehobelt

forellen kardamom ceviche mit fenchel und zitrone

Für die Ceviche Zitronensaft und -schale mit allen weiteren Zutaten für die Marinade gut verrühren, bis sich Salz und Zucker gelöst haben.

Die Forellenfilets in dünne Tranchen aufschneiden. Vom Fenchel den Strunk keilförmig herausschneiden und von unten nach oben fein hobeln.

Für die Zitronenzesten die Schale der Zitronen fein abschälen und in dünne Streifen schneiden. Den Portwein mit Zucker und Kurkuma aufkochen, den Saft von 1 Zitrone dazugeben und sirupartig einkochen. Die Zitronenschalenstreifen blanchieren und kalt abschrecken. Den Sirup darübergießen und alles mindestens 12 Stunden ziehen lassen.

Fisch und Fenchel auf Tellern anrichten und die Marinade großzügig darübergeben. Die eingelegten Zitronenzesten, den gezupften Gewürzfenchel und die Fenchelblüten darauf verteilen.

Ceviche

2	unbehandelte Zitronen, Saft und abgeriebene Schale
1	grüne Chili, entkernt und fein gewürfelt
1 TL	Salz
1 Msp.	Zucker
2	Frühlingszwiebeln, gewaschen und fein gewürfelt
2 Msp.	Kardamom, gemahlen
100 ml	Zitronenolivenöl
300 g	Forellenfilets, ohne Haut und Gräten
3	Fenchelknollen

Zitronenzesten

3	unbehandelte Zitronen
50 ml	weißer Portwein
70 g	Zucker
1 Msp.	Kurkuma
1 Bund	Gewürzfenchel
1 Handvoll	Fenchelblüten

zander mit rosmarinhonig und rösttopinambur

Rösttopinambur

700 g	Topinambur, gewaschen und geschrubbt
1 EL	Reismehl
½ Bund	Rosmarin, Nadeln gezupft
	Öl zum Frittieren (z. B. Sonnenblumenöl)
	Salz
2 EL	Crème fraîche
	Fleur de Sel
4 EL	Butter

Rosmarinhonig

2 Bund	Rosmarin, Nadeln gezupft
250 g	Waldhonig
1 EL	weißer Balsamicoessig

Zander

6	Zanderfilets à 120 g, mit Haut
2 EL	Olivenöl
4 EL	Kräuteröl (siehe Basics Seite 329)

Eine Topinamburknolle fein hobeln, in Reismehl wenden und im 170 Grad heißen Öl knusprig frittieren. Die Rosmarinnadeln ebenfalls frittieren. Die restlichen Topinamburknollen auf einem Backblech verteilen, salzen und bei 185 Grad 45 Minuten backen.

Die Hälfte der Knollen schälen und mit Crème fraîche und Fleur de Sel zu einem feinen Püree mixen. Die andere Hälfte in große Stücke schneiden. Die Butter in einer Pfanne braun werden lassen und die Topinamburstücke darin anbraten. Mit Fleur de Sel würzen.

Für den Rosmarinhonig alle Zutaten auf 40 Grad erwärmen und 1 Stunde ziehen lassen. Mixen und durch ein feines Sieb passieren.

Den Zander mit Salz würzen und im heißen Olivenöl auf beiden Seiten anbraten. Auf der Hautseite etwas länger. Den Fisch mit Rosmarinhonig bestreichen und im 180 Grad heißen Backofen etwa 3 Minuten fertig garen.

Das Topinamburpüree mit dem Rösttopinambur auf Tellern anrichten und den Zander daraufsetzen. Topinamburchips und Rosmarinfritt über das Gericht streuen und etwas Kräuteröl angießen.

»

Rosmarinhonig ist auch ein wunderbarer Begleiter zu Käse oder einfach auf einem Quarkbrot.

wolfsbarsch in grüntee salzkruste mit mitsuba pesto

Fisch waschen und trocken tupfen, die Kiemen herausschneiden. Die Kräuterstiele und Limettenscheiben in den Bauch legen. Das Salz mit dem Eiweiß, dem Grüntee und den geschnittenen Kräutern vermengen. Ein Backblech mit Backpapier belegen. Darauf einen Teil der Salzmasse in der Größe des Fisches zu einem Boden formen und den Fisch darauflegen. Mit dem restlichen Salz vollständig bedecken. Im auf 200 Grad vorgeheizten Backofen 15 Minuten backen. Der Fisch sollte innen eine Temperatur von etwa 57 Grad haben.

Den Fisch aus dem Ofen nehmen und 5–10 Minuten ruhen lassen. Die Salzkruste aufschlagen und den Fisch filetieren.

Für das Pesto die Mitsuba- und Basilikumblätter blanchieren. In Eiswasser abschrecken, die Blätter ausdrücken und mit den restlichen Zutaten gut mixen.

»

Dieses Gericht ist seit Jahren unser Weihnachtsessen. Es braucht so wenig Zeit und ist etwas ganz Besonderes. Dazu passen Blattspinat in brauner Butter und Salzkartoffeln – so simpel und so lecker.

1	Wolfsbarsch, ca. 900 g

Grüntee-Salzkruste

1½ kg	grobes Meersalz
4	Eiweiß, steif geschlagen
4 EL	Sencha-Grüntee
1 Bund	Basilikum, Blätter gezupft und grob geschnitten
1 Bund	Koriander, Blätter gezupft und grob geschnitten
1 Bund	Minze, Blätter gezupft und grob geschnitten
1 Bund	Mitsuba, Blätter gezupft und grob geschnitten (die Stiele der Kräuter werden separat verwendet)
1	Limette, in Scheiben geschnitten

Pesto

2 Handvoll	Mitsubablätter
1 Handvoll	Basilikumblätter
1	Knoblauchzehe, geschält und gerieben
1 EL	Sesamöl
80 ml	Sonnenblumenöl
½	Chili, entkernt und gehackt
1 EL	Limettensaft
1 Prise	brauner Zucker
	Salz
2 EL	Sesam, geröstet

petersfisch mit minzöl karotten und pistazien bröseln

Die Bundkarotten schälen und halbieren. Die Butter in einem Topf erhitzen und die Karotten dazugeben. Mit Salz und Zucker würzen und den Gemüsefond sowie die Minze dazugeben. Zugedeckt 5 Minuten köcheln lassen, dann die Minze herausnehmen.

Für das Karottenpüree die Butter in einem Topf schmelzen. Die Karotten darin anschwitzen. Mit Salz und Zucker würzen. Mit Orangensaft weich kochen und zusammen mit den gekochten Kartoffeln pürieren.

Den Fisch mit Salz würzen und im Olivenöl von beiden Seiten etwa 2 Minuten sanft braten.

Für die Brösel das Brot auf ein Backblech legen und mit dem Minzöl bestreichen. Im 160 Grad heißen Backofen etwa 15 Minuten knusprig rösten. Die Schalotten in feine Ringe schneiden und im Reismehl wenden. Im 170 Grad heißen Öl knusprig frittieren und abtropfen lassen.

Die Minzblätter ebenfalls frittieren und auf Küchenpapier abtropfen lassen.

Pistazien, Brot, Schalotten, Minze und Fleur de Sel im Cutter mixen.

Den Petersfisch mit Karotten und Karottenpüree auf Tellern anrichten, mit Pistazienbrösel bestreuen und das Minzöl angießen. Minzblätter darauf verteilen.

Karotten

1 kg junge Bundkarotten
3 EL Butter
Salz
1 Prise brauner Zucker
150 ml Gemüsefond
1 Bund Minze, ganz

Karottenpüree

1 EL Butter
200 g Karotten, geschält und in Würfel geschnitten
1 Prise Salz
1 Prise brauner Zucker
200 ml Orangensaft
50 g gekochte Kartoffeln

Petersfisch

500 g Petersfischfilet, ohne Haut
2 EL Olivenöl

Brösel

3 Scheiben Sauerteigbrot
2 EL Minzöl
2 Schalotten
2 EL Reismehl
Öl zum Frittieren (z. B. Sonnenblumenöl)
1 Bund Minze, gezupft, ein paar ganze Blätter beiseitelegen
75 g Pistazien, geröstet
Fleur de Sel

50 ml Minzöl (siehe Basics Seite 329)

crevetten dim sum im pfefferblatt dampf mit miso salsa

Die Zutaten für den Teig gut verkneten, in Klarsichtfolie einschlagen und über Nacht im Kühlschrank ruhen lassen.

Für die Füllung die Crevetten von Hand oder im Cutter sehr fein hacken. Knoblauch, Ingwer, Schalotte, Zitronengras und Currypaste im heißen Öl etwa 2 Minuten anbraten. Dann im Mörser zu einer Paste verarbeiten. Mit den Crevetten und den restlichen Zutaten gut vermischen und 1 Stunde im Kühlschrank gut ziehen lassen.

Für die Salsa alle Zutaten mixen und abschmecken.

Den Teig sehr dünn ausrollen und in Quadrate von 7 x 7 cm schneiden. Jeweils 1 EL Füllung in die Mitte setzen und die Teigränder mit etwas Wasser bestreichen. Dann die Ränder zusammendrücken und die Dim Sum verschließen. Einen Topf, in den ein Bambuskorb passt, rund 3 cm hoch mit Wasser füllen. Die geschnittenen Pfefferblätter, Zitronengras und Basilikumstiele dazugeben. Das ganze große Pfefferblatt in den Dämpfkorb legen und die Dim Sum daraufsetzen. In den Topf geben, mit dem Deckel verschließen und im Dampf etwa 3 Minuten garen.

»

Die Salsa ist auch eine tolle Sauce für ein kurzgebratenes Rindsfilet oder gebratenes Gemüse mit Jasminreis.

Dim-Sum-Teig

250 g Mehl
10 g Butter, geschmolzen, lauwarm
1 TL Sesamöl
100 ml lauwarmes Wasser

Füllung

400 g Crevetten, geschält und Darm entfernt
1 Knoblauchzehe, geschält und gehackt
1 EL gehackter Ingwer
1 EL gehackte Schalotte
1 EL gehacktes Zitronengras
1 TL grüne Currypaste
1 EL Öl
4 Kaffirlimettenblätter, fein gehackt
1 Limette, abgeriebene Schale
2 EL Kokosmilch
2 EL Fischsauce

Misosalsa

2 EL gehackter Ingwer
2 EL weiße Misopaste
2 EL Limettensaft
1 EL Sesam, geröstet
1 EL Sonnenblumenöl
3 EL geschnittene Basilikumblätter
Salz

Zum Dämpfen

3 große Pfefferblätter, geschnitten
2 Stängel Zitronengras, geschnitten
Basilikumstiele von der Salsa, geschnitten
1 großes Pfefferblatt für den Dämpfkorb

heilbutt mit kräuter crumble, mönchsbart und kerbel hummus

Für die Crumblemasse die Butter schaumig schlagen. Die Schalotten kurz blanchieren und zusammen mit allen weiteren Zutaten darunterrühren. Die Masse zwischen 2 Klarsichtfolien ausrollen und kühl stellen. In der Größe der Fischfilets zurechtschneiden.

Für den Hummus alle Zutaten fein mixen und abschmecken.

Den Heilbutt mit Salz würzen und im heißen Olivenöl von beiden Seiten anbraten. Auf ein geöltes Blech setzen und die zugeschnittenen Platten der Crumblemasse darauflegen. Im 200 Grad heißen Backofen unter dem Grill (Oberhitze) etwa 4 Minuten fertig garen.

Das Kräuteröl in einem Topf erhitzen und die Frühlingszwiebeln darin andünsten. Den grob gezupften Mönchsbart dazugeben und mit Salz und Pfeffer abschmecken. 2 Minuten weiterdünsten.

Den Hummus auf Teller verteilen, den Mönchsbart daraufgeben und den Fisch daraufsetzen. Die Gurkenscheiben dazugeben, mit etwas Kräuteröl marinieren und den Sauerklee darauf verteilen.

Crumble
125 g zimmerwarme Butter
3 EL Schalottenwürfel
1 EL Wasabipaste
40 g Pankobrösel (Brotbrösel aus dem Asialaden)
1 Limette, abgeriebene Schale
2 EL gehackter Kerbel
2 EL gehackte Petersilie
2 EL gehackter Ysop

Hummus
2 Bund Kerbel, gezupft
2 EL Wasser
3 EL Sesam, gemörsert
200 g Kichererbsen, gekocht
6 EL Zitronensaft
5 EL Kräuteröl
1 Prise Zucker
1 Msp. gemahlener Anis

Heilbutt
6 Heilbuttfilets à 120 g
Salz
2 EL Olivenöl

Mönchsbart
3 EL Kräuteröl (siehe Basics Seite 329)
2 Frühlingszwiebeln, gewaschen und fein gewürfelt
2 Bund Mönchsbart, gewaschen
schwarzer Pfeffer aus der Mühle

3 kleine Snackgurken, in Scheiben geschnitten
1 Handvoll Sauerklee

tintenfisch dill-gebacken mit radieschen spinat

Die Tintenfischtuben längs halbieren und mit einem scharfen Messer auf der Innenseite rautenförmig einschneiden. Das Mehl mit allen Gewürzen und dem Dill mischen und die Tintenfischhälften darin wenden, bis sie mit der Mehlmischung vollständig bedeckt sind. Im 170 Grad heißen Öl etwa 2 Minuten knusprig frittieren. Auf Küchenpapier abtropfen lassen und schräg aufschneiden.

Für den Radieschenspinat die Radieschen vom Grün befreien und in feine Scheiben schneiden. Einige Radieschenscheiben in Eiswasser zur Seite legen. Rote-Bete-Saft mit Gemüsefond und Himbeeressig aufkochen. Salz und Zucker dazugeben und die Butterwürfel einmixen. Die Radieschenscheiben dazugeben und etwa 2 Minuten köcheln lassen.

Das Olivenöl erhitzen, die Frühlingszwiebel darin anbraten. Die Radieschenblätter dazugeben und 1 Minute mitdünsten. Mit Salz und Pfeffer abschmecken.

Den »Spinat« auf Teller geben und die glasierten Radieschenscheiben sowie den Tintenfisch darauf anrichten. Die rohen Radieschenscheiben und den Dill darauf verteilen.

	Tintenfisch
3 große	Tintenfischtuben, geputzt
2 EL	Mehl
2 Msp.	Anis, gemahlen
¼ TL	gemahlener Pfeffer
½ EL	Zwiebelpulver
½ TL	Knoblauchpulver
½ TL	Salz
2 EL	fein gehackter Dill
	Öl zum Frittieren (z. B. Sonnenblumenöl)

	Radieschenspinat
2 Bund	Radieschen mit Grün, gewaschen
100 ml	Rote-Bete-Saft (Randensaft)
50 ml	Gemüsefond
1 EL	Himbeeressig
1 Prise	Zucker
40 g	kalte Butter, in Würfel geschnitten
1 EL	Olivenöl
1	Frühlingszwiebel, gewaschen und fein gewürfelt
1 Bund	Dill, gezupft

estragon linguine mit vongole und schnittknoblauch

Linguine

250 g	Mehl
6	Eigelb
1	Ei
2 TL	Estragonöl (siehe Basics Seite 329)
1 EL	Spinatmatte (siehe Tipp Seite 239)

Vongole

4 EL	Olivenöl
1 Bund	Schnittknoblauch, fein geschnitten
200 g	Cherrytomaten, gewaschen und halbiert
2	rote Chili, fein gewürfelt
2 kg	Vongole, gründlich gewaschen
200 ml	Weißwein
2 Bund	Estragon, gezupft, ein Teil knusprig frittiert, der Rest fein geschnitten

Für die Estragon-Linguine das Mehl in eine große Schüssel sieben und in der Mitte eine Mulde formen. Die übrigen Zutaten verrühren und in die Mulde geben. Mit zwei Fingern langsam von innen nach außen vermengen, bis das ganze Mehl eingearbeitet ist. Den Teig von Hand 10 Minuten gut kneten. In Folie gewickelt 45 Minuten ruhen lassen.

Den Teig auf einer bemehlten Arbeitsfläche leicht ausrollen, dann auf der größten Stufe durch die Pastamaschine drehen. Zusammenfalten und den Vorgang wiederholen. Diesen Arbeitsschritt auf der nächsten Stufe wiederholen. So fortfahren, bis die kleinste Stufe erreicht ist. Zuletzt den Teig durch die Schneidewalze drehen.

Das Olivenöl in einem Topf erhitzen. Den Schnittknoblauch und die Tomaten dazugeben und kurz andünsten. Chilis und Vongole beifügen und mit dem Weißwein ablöschen. Zudecken und 2–3 Minuten kochen lassen. Die Muscheln mit einer Schaumkelle herausheben und die Hälfte der Muscheln auslösen. Den Sud auf ein Drittel einkochen.

Inzwischen die Linguine in ausreichend Salzwasser al dente kochen.

Die Linguine mit der Muschelsauce, den Muscheln und dem gehackten Estragon mischen und auf Tellern anrichten.

»

Pasta mit Vongole gehört zu meinen allerliebsten Essen, und die Kombination mit viel frischem Estragon macht sie noch besser.

culentro

fleisch

Kräuter und Fleisch gehen auf dem Teller Hand in Hand. Kräuter können dabei vielfältig eingesetzt werden: Sie verleihen Marinaden ihren einzigartigen Geschmack, schmoren stundenlang mit dem Fleisch im Ofen oder ergänzen als knusprige Garnitur das fertige Gericht. Und wieder gelingt ihnen das, wofür ich sie so liebe – sie verleihen auch etwas schwereren Gerichten eine Leichtigkeit und machen sie bekömmlicher. Und haben dabei viel Charme. So bette ich das feine Berglamm am liebsten auf einem sanften Bett aus magisch duftendem Thymianheu.

rindsfilet tataki mit ramennudeln und pandanblatt sud

Für die Marinade alle Zutaten vermischen, leicht erwärmen, vom Herd nehmen und abkühlen lassen. Das Rindsfilet mit der Marinade einpinseln und von allen Seiten im Öl scharf anbraten. Nach dem Braten in dünne Scheiben aufschneiden.

Für den Sud das Sesamöl in einem Topf erhitzen und alle Zutaten bis auf den Gemüsefond 5 Minuten darin anschwitzen. Mit dem Gemüsefond ablöschen und 10 Minuten köcheln lassen. Durch ein feines Sieb passieren und mit Sojasauce abschmecken.

Die Ramennudeln in Salzwasser bissfest garen. Pak Choi und Frühlingszwiebeln in Streifen schneiden und im Sud 2 Minuten köcheln. Zusammen mit den Nudeln in tiefen Tellern anrichten. Die Tatakischeiben darauflegen und die Korianderblätter und Cashewnüsse darüberstreuen.

Tataki-Marinade

25 g	brauner Zucker
75 ml	Wasser
1 EL	Sojasauce
1 TL	süße Chilisauce
1 Prise	Anis, gemahlen
1 kleine	Knoblauchzehe, geschält und gerieben
1 EL	gehackter Ingwer
1	rote Chili, entkernt und fein gewürfelt
1 TL	Limettensaft

400 g	Rindsfilet, in 3 cm dicke Medaillons geschnitten
1 EL	Rapsöl zum Braten

Sud

2 EL	Sesamöl
2	Schalotten, geschält und gewürfelt
2	Knoblauchzehen, geschält und gewürfelt
2 EL	gehackter Ingwer
1	rote Chili, entkernt und geschnitten
1 Bund	Koriander mit Stielen, grob geschnitten
5	Pandanblätter
2 Stängel	Zitronengras
1 l	Gemüsefond
	Sojasauce zum Abschmecken

Ramennudeln

300 g	Ramennudeln
200 g	Pak Choi, gerüstet und gewaschen
3	Frühlingszwiebeln, gewaschen

1 Handvoll	Korianderblätter
50 g	Cashewnüsse, geröstet und grob gehackt

lammrücken mit estragon honig, erbsen und bergkäse flan

Die Erbsen in Salzwasser kurz blanchieren und in Eiswasser abschrecken. Das Olivenöl erhitzen, die Frühlingszwiebel dazugeben und kurz anschwitzen. Die Erbsen dazugeben und abschmecken.

Für den Flan den Rahm mit Estragon und Salz aufkochen und mit dem Mixstab durchmixen. Durch ein feines Sieb passieren, den Käse und die Eier unterrühren. Die Masse in gefettete Silikonformen (4 cm Durchmesser) füllen. Bei 190 Grad im Backofen im Wasserbad 12 Minuten stocken lassen.

Das Fleisch mit Salz und Pfeffer würzen und im heißen Olivenöl ringsherum anbraten. Auf ein Blech legen und mit dem Estragonhonig einstreichen. Im 80 Grad heißen Backofen 30 Minuten garen. Herausnehmen, die Ofentemperatur auf 180 Grad erhöhen und das Fleisch 6 Minuten erhitzen.

Das Fleisch aufschneiden und mit den Erbsen, dem Flan, den Estragonblättern und Pistazienbröseln anrichten.

Erbsen

300 g frische Erbsen, ausgelöst
Salz
2 EL Olivenöl
1 Frühlingszwiebel, gewaschen und fein gewürfelt

Flan

330 ml Rahm (Sahne)
1 Bund Estragon, mit Stiel grob geschnitten
90 g Bergkäse (Cironé), gerieben
3 Eier
Olivenöl für die Formen

Lammrücken

2 Lammrücken à 400 g, längs halbiert
schwarzer Pfeffer aus der Mühle
2 EL Olivenöl
4 EL Estragonhonig (siehe Basics Seite 333)

1 Bund Estragon, gezupft
4 EL Pistazienbrösel (siehe Rezept Petersfisch mit Minzöl Seite 177)

entenbrust mit wacholder lack, shiso gerste und hibiskuszwiebeln

Die Perlzwiebeln kurz in Salzwasser blanchieren und abschrecken. Die restlichen Zutaten aufkochen und über die Zwiebeln gießen. Mindestens 24 Stunden ziehen lassen.

Alle Zutaten für den Lack gut verrühren, bis sich Salz und Zucker aufgelöst haben.

Die Entenbrüste würzen und im heißen Öl rundum anbraten. Dann auf ein Blech legen und mit dem Lack bestreichen. Im 80 Grad heißen Backofen 20 Minuten garen. Herausnehemn, die Ofentemperatur auf 180 Grad erhöhen und das Fleisch weitere 3 Minuten erhitzen.

Die Rollgerste in einem Sieb kalt abspülen. Im gesalzenen Gemüsefond und Hibsikustee etwa 15 Minuten weich garen und abgießen. Mit Butter und Shisoblättern in einer Pfanne erhitzen und abschmecken.

Die Entenbrust aufschneiden und mit Gerste, Perlzwiebeln, dem Geflügel-Portwein-Jus und Shisokresse anrichten.

»

Die Entenbrüste vor allem auf der Fettseite lange genug braten, sodass die Fettschicht teilweise »ausgebraten« wird. Durch das Niedergaren wird die Entenbrust wunderbar rosa – so, wie sie sein muss.

Hibiskuszwiebeln

20	Perlzwiebeln, geschält und halbiert
200 ml	Hibiskustee, stark
100 ml	Himbeeressig
100 g	Honig
2	Lorbeerblätter
4	Pimentkörner

Wacholderlack

2 TL	roter Portwein
2 EL	Sojasauce
½ TL	Salz
2 EL	Zucker
½ TL	Wacholder, gemahlen

Entenbrust

4	Entenbrüste
	Salz
	schwarzer Pfeffer aus der Mühle
1 EL	Rapsöl zum Braten

Gerste

300 g	Rollgerste
1 l	Gemüsefond
3 EL	Butter
500 ml	Hibiskustee
1 Handvoll	Shisoblätter, in feine Streifen geschnitten

Shisokresse

berglamm karree im thymian heu

1	Berglammkarree à ca. 600 g
	Salz
	schwarzer Pfeffer aus der Mühle
100 ml	Olivenöl
4 Bund	Thymian

Das Lammkarree mit Salz und Pfeffer würzen und rundherum in der Hälfte des Olivenöls scharf anbraten, dann aus der Pfanne nehmen. Den Thymian ebenfalls kurz ins heiße Öl geben und auf ein Blech legen. Das Lammkaree mit dem restlichen Olivenöl einstreichen und auf das Blech mit dem Thymian setzen. Darin einhüllen und im 80 Grad warmen Backofen etwa 40 Minuten garen. Herausnehmen, Temperatur auf 180 Grad erhöhen und das Lamm weitere 6 Minuten erhitzen. Den Thymian entfernen und das Fleisch in Koteletts aufschneiden.

Dazu passt der Röstkartoffel-Salat (siehe Seite 127) ganz wunderbar.

rindstatar mit kaffeeöl, roter bete und shiso

Für das Kaffeeöl das Rapsöl auf 70 Grad erwärmen. Kaffee dazugeben und 3 Stunden zugedeckt ziehen lassen. Abpassieren.

Das Rindfleisch mit allen angegebenen Zutaten marinieren und abschmecken.

Für die Pickle-Marinade alle Zutaten vermengen und aufkochen. 1 Stunde ziehen lassen, durch ein Sieb gießen, nochmals aufkochen und heiß über die Rote-Bete-Scheiben gießen.

Für die Mousse den Rahm mit Kaffee und Kardamom mischen und abgedeckt im Kühlschrank 12 Stunden ziehen lassen. Durch ein feines Sieb passieren und aufschlagen. Den Rote-Bete-Saft erwärmen und die Gelatine darin auflösen. Den Sauerrahm und 1 EL des geschlagenen Rahms dazugeben und mit dem Schneebesen unterrühren. Dann den restlichen Schlagrahm mit einem Gummischaber unterheben und abschmecken.

Den reduzierten Rote-Bete-Saft mit dem restlichen Kaffeeöl und 4 EL vom Pickle-Fond mixen. Die Vinaigrette mit Salz und Pfeffer abschmecken. Das Tatar mithilfe von Metallringen anrichten. Mousse, Rote-Bete-Pickles und Shisoblätter dazugeben und mit der Vinaigrette beträufeln.

Kaffeeöl

100 ml Rapsöl
4 EL Kaffeebohnen, gemörsert

Rindstatar

400 g Rindsfilet, fein gewürfelt
4 EL Himbeersenf (siehe Teilrezept Seite 99)
2 EL Kaffeeöl
2 EL Sojasauce
1 Msp. Szechuanpfeffer, fein gemörsert
2 EL Pickle-Sud
Salz

Rote-Bete-Pickles

250 ml Apfelessig
170 ml Wasser
100 g Zucker
1 gehäufter EL Salz
½ TL Korianderkörner
2 Sternanis
1 EL in Scheiben geschnittener Ingwer
1 EL Szechuanpfeffer
3 große Rote Beten (Randen), in feine Scheiben geschnitten

Mousse

240 ml Rahm (Sahne)
1 EL Kaffeebohnen, gemörsert
1 TL Kardamom, gemörsert
1 EL reduzierter Rote-Bete-Saft (Randensaft)
1 Blatt Gelatine, eingeweicht
100 g Sauerrahm

1 Msp. Salz

4 EL reduzierter Rote-Bete-Saft
20 rote Shisoblätter

kalbsrücken mit pistazien polenta und estragonöl

Das Fleisch mit Salz und Pfeffer würzen und im Olivenöl rundherum anbraten.

Für die Marinade alle Zutaten gut verrühren, bis sich Salz und Zucker aufgelöst haben. Das Fleisch damit einstreichen und im 80 Grad heißen Backofen 30 Minuten garen. Herausnehmen, die Ofentemperatur auf 180 Grad erhöhen und das Fleisch nochmals 5 Minuten erhitzen.

Für den Selleriesalat die Selleriestangen mit dem Sparschäler schälen und in dünne Scheiben schneiden. Zusammen mit den abgezupften Sellerieblättern, Estragonblättern und Pistazien mischen. Mit 50 ml vom Estragonöl und Limettensaft und -abrieb marinieren und mit Fleur de Sel abschmecken.

Für die Polenta die Milch zusammen mit Selleriesaft und Butter aufkochen, den Maisgrieß dazugeben und etwa 5 Minuten köcheln lassen. Mit Salz und Pfeffer abschmecken und die restlichen Zutaten darunterrühren.

Polenta und Selleriesalat anrichten. Das Fleisch aufschneiden und dazulegen. Das restliche Estragonöl angießen.

Kalbssteaks

3 Kalbssteaks à 220 g
Salz
schwarzer Pfeffer aus der Mühle
2 EL Olivenöl zum Braten

Marinade

2 EL Sojasauce
1 EL Sherry
2 TL Salz
2 EL Zucker
½ TL grüner Pfeffer, gemörsert

Selleriesalat

2 Selleriestangen, mit Blättern
1 Bund Estragon, Blätter gezupft
50 g Pistazien, geröstet und gehackt
100 ml Estragonöl (siehe Basics Seite 329)
1 Limette, Saft und abgeriebene Schale
Fleur de Sel

Polenta

450 ml Milch
300 ml Selleriesaft
60 g Butter
150 g Maisgrieß
30 g Parmesan, gerieben
80 g Pistazien, fein gehackt
5 EL Petersilien-Walnuss-Pesto (siehe Basics Seite 331)

rehnüsschen mit basilikum quinoa und rote zwiebel relish

Für die Marinade alle Zutaten miteinander verrühren, bis sich Zucker und Salz aufgelöst haben.

Das Fleisch würzen und im heißen Öl von allen Seiten anbraten. Auf ein Blech legen und mit der Marinade einstreichen. Im 80 Grad heißen Backofen 35 Minuten garen. Herausnehmen und die Ofentemperatur auf 180 Grad erhöhen. Das Fleisch nochmals mit Marinade bestreichen und im 180 Grad heißen Ofen 6 Minuten erhitzen.

Die gesalzene Brühe mit Anis aufkochen. Quinoa einrühren und zum Kochen bringen. 12–14 Minuten köcheln. 5 Minuten stehen lassen, braune Butter und Basilikum mit einer Gabel darunterrühren. Für die Beilage alle Zutaten mit den Radieschen aufkochen, 3 Minuten köcheln lassen und abschmecken.

Quinoa, Zwiebel-Relish und Radieschen auf Tellern anrichten. Scheiben vom Rehnüsschen darauf anrichten. African-Blue-Basilikumblätter darauf verteilen und mit brauner Butter beträufeln.

»

Braune Butter ist ein wunderbarer Geschmacksgeber und -verstärker. Gemüse, vor allem Spinat, darin angeschwitzt, schmeckt großartig. Braune Butter kann eine Sauce zu Fisch oder Fleisch ersetzen.

Marinade

2 EL Sojasauce
1 EL Sherry
2 TL Salz
2 EL Zucker
2 Msp. Anis, gemörsert

Rehnüsschen

3 Rehnüsschen (aus der Keule geschnitten)
Salz
schwarzer Pfeffer aus der Mühle
2 EL Olivenöl zum Braten

Quinoa

250 ml Gemüsefond
1 Msp. Anis, gemörsert
150 g roter Quinoa
2 EL braune Butter, mehr zum Beträufeln
1 Bund African-Blue-Basilikum, gezupft und fein geschnitten, einige Blättchen beiseitelegen

Beilage

8 Radieschen, gewaschen und halbiert
4 EL Gemüsefond
2 EL Butter
2 EL Himbeeressig
1 TL Zucker
Salz
schwarzer Pfeffer aus der Mühle

6 EL Rote-Zwiebel-Basilikum-Relish
(siehe Basics Seite 337)

lammhaxe kardamom-geschmort mit ysop und kräuter couscous

Die Lammhaxen mit Salz und Pfeffer würzen und im heißen Öl rundherum scharf anbraten. Herausnehmen und das Öl abgießen. Zwiebel, Karotten, Sellerie und Knoblauch im Bräter rösten. Das Tomatenmark dazugeben, mit dem Rotwein ablöschen und auf ein Drittel einkochen. Den Fond zusammen mit Kardamomkapseln und Ysop dazugeben und nochmals 10 Minuten einkochen. Die Sauce mit Salz und Pfeffer abschmecken. Die Lammhaxen in die kochende Sauce legen und zugedeckt im Backofen bei 190 Grad 55 Minuten schmoren lassen. Den Ofen ausschalten und die Lammhaxen darin weitere 30 Minuten ziehen lassen. Zum Schluss die Sauce durch ein Sieb passieren.

Den Couscous mit dem heißen Gemüsefond übergießen und zugedeckt 10 Minuten quellen lassen. Mit einer Gabel auflockern. Zwiebel in Olivenöl goldgelb anschwitzen und mit dem Kardamom bestreuen und zum Couscous geben. Die restlichen Zutaten bis auf 1 Handvoll Kräuter, den Limettensaft und etwa 30 g der gehackten Pistazien zum Couscous geben. Mischen und mit Salz, Pfeffer und Limettensaft abschmecken und ziehen lassen.

Den Couscous auf Teller geben. Die Lammhaxen mit der Sauce und Estragonöl anrichten. Einige gezupfte Kräuter darauf verteilen.

	Lammhaxen
4	Lammhaxen à ca. 200 g
	Salz
	schwarzer Pfeffer aus der Mühle
3 EL	Olivenöl zum Braten
1	Zwiebel, geschält und gewürfelt
2	Karotten, gewürfelt
½	Sellerieknolle, geschält und gewürfelt
2	Knoblauchzehen, geschält und zerdrückt
2 EL	Tomatenmark
200 ml	Rotwein
2 l	Lamm- oder Kalbsfond
6	Kardamomkapseln
6 Zweige	Ysop

	Kräuter-Couscous
150 g	Couscous
150 ml	Gemüsefond, heiß
1	Zwiebel, geschält und gewürfelt
5 EL	Olivenöl
2 Prisen	Kardamom, gemahlen
30 g	Rucola, gehackt
20 g	glatte Petersilie, gehackt
20 g	Estragon, gehackt
30 g	Minzeblätter, gehackt
30 g	Ysop, gehackt
50 g	Pistazien, geröstet und gehackt
1	grüne Chili, entkernt und fein gewürfelt
1 TL	Limettensaft

1 Handvoll	Kräuter
4 EL	Estragonöl zum Anrichten (siehe Basics Seite 329)

kalbsfilet mit salbeiöl, navetten und haselnusskrokant

Für das Salbeiöl die Butter in einer heißen Pfanne zu Nussbutter bräunen. Salbei dazugeben und kurz mitrösten. Olivenöl und Fleur de Sel dazugeben. 2 Stunden ziehen lassen. Dann durch ein feines Sieb passieren.

Das Fleisch würzen und rundherum in Salbeiöl anbraten. Auf ein Blech legen und im 80 Grad heißen Backofen 25 Minuten garen. Das Fleisch herausnehmen und mit Salbeiöl bestreichen. Die Ofentemperatur auf 180 Grad erhöhen und das Fleisch nochmals 6 Minuten erhitzen.

1 Navette in dünne Scheiben hobeln und in Eiswasser legen. Die restlichen in grobe Würfel schneiden und in Salzwasser weich garen und ausdampfen lassen. Mit den übrigen Zutaten fein pürieren und abschmecken.

Für den Haselnusskrokant Wasser, Zucker und Butter in einem kleinen Topf erhitzen. Wenn sich der Zucker gelöst hat, vom Herd ziehen und die restlichen Zutaten dazumischen, bis ein bröseliger Teig entsteht.

Über Nacht abgedeckt in den Kühlschrank stellen.

Vor dem Servieren die Haselnussmasse auf einem mit Backpapier ausgelegten Blech verteilen und bei 180 Grad 8 Minuten goldbraun backen.

Das Fleisch aufschneiden und mit Salbeisalz würzen. Mit Rübenpüree, Haselnusskrokant, Navettenscheiben und Salbeifritt anrichten. Etwas Salbeiöl darüberträufeln.

6 EL	Butter
100 ml	Olivenöl
1 Handvoll	Salbeiblätter, geschnitten
1 Msp.	Fleur de Sel
	Kalbsfilet
600 g	Kalbsfilet am Stück, pariert
	Salz
	schwarzer Pfeffer aus der Mühle
4 EL	Salbeiöl
	Navetten
400 g	Navetten (Mairübchen), geschält
4 EL	Crème fraîche
2 EL	Salbeiöl
	Salz
	schwarzer Pfeffer aus der Mühle
	Krokant
2–3 EL	Wasser
60 g	brauner Zucker
40 g	Butter
3 EL	gehackte Salbei
60 g	Haselnüsse, geröstet, geschält und grob gehackt
125 g	Mehl
1 TL	Fenchelsamen
½ TL	Anis, gemahlen
1 große Prise	Fleur de Sel
1 TL	Salbeisalz (siehe Basics Seite 339)
1 Handvoll	kleine Salbeiblätter, frittiert

Thai Ba
Verwendung: asiatische Küche
Herkunft: Israel
Mäder Kräuter
brauch waschen

maispoularden limetten curry mit sellerie und thaibasilikum öl

Ingwer, Zitronengras, Koriander, Knoblauch, Limettenblätter und Currypaste im Öl andünsten, mit der Kokosmilch ablöschen. Chili sowie Fischsauce dazugeben und alles 15 Minuten köcheln lassen. Durch ein Sieb passieren.

Den Stangensellerie schälen und in schräge Streifen schneiden.

Die Poulardenbrüste in große Würfel schneiden und mit Sojasauce kurz marinieren. In einem Topf mit 2 EL Thaibasilikumöl anbraten, Stangensellerie und Spinat dazugeben. Mit der Currysauce ablöschen und 3 Minuten köcheln lassen. Die abgeriebene Limettenschale dazugeben und abschmecken.

Das Curry in Schalen anrichten und mit dem restlichen Thaibasilikumöl beträufeln. Mit Thaibasilikum- sowie Sellerieblättern bestreuen.

	Curry
1 EL	gehackter Ingwer
2 Stangen	Zitronengras, gehackt
	einige Korianderstängel mit Wurzeln, geschnitten
1	Knoblauchzehe, geschält und geviertelt
5	Limettenblätter, geschnitten
1 TL	grüne Currypaste
1 EL	Sesamöl
600 ml	Kokosmilch
2	grüne Chilis, entkernt und fein gewürfelt
2 EL	Fischsauce
300 g	Stangensellerie
4	Maispoulardenbrüste à ca. 160 g, ohne Haut und Knochen
1 EL	Sojasauce
50 ml	Thaibasilikumöl (siehe Basics Seite 329)
200 g	junger Spinat, gewaschen
2	Limetten, abgeriebene Schale
1 Bund	Thaibasilikum, gezupft
1 Handvoll	Sellerieblätter

»

Es ist eine Freude zu sehen, dass Zitronengras auch bei uns wächst. Allerdings ist es mir fast zu schade zum Ernten, es sieht ja auch so hübsch aus. Wenn ich Zitronengras verwende, klopfe ich es immer zuerst mit dem Ende eines Kochmessergriffes, so kann es sein herrliches Aroma besser abgeben.

tafelspitz mit wasabi vinaigrette und sauerampfer creme

Den Tafelspitz in kochendem Wasser kurz blanchieren und kalt abschrecken. Anschließend mit dem kaltem Gemüsefond und den übrigen Zutaten zum Kochen bringen. Die Hitze reduzieren und 1½ Stunden köcheln lassen. Dabei den Schaum regelmäßig abschöpfen. Den Tafelspitz im Sud erkalten lassen. Zum Servieren in 1 cm dicke Scheiben schneiden und im Sud kurz erwärmen.

Die Zutaten für die Vinaigrette gut verrühren.
Alle Zutaten für die Sauerampfercreme fein mixen und abschmecken.

Olivenöl in einer Pfanne erhitzen, Frühlingszwiebeln und Guten Heinrich darin anschwitzen und mit Salz und Pfeffer abschmecken.

Guten Heinrich bzw. Spinat auf Teller geben, das Fleisch daraufsetzen und mit Sauerampfercreme und Vinaigrette anrichten. Die Sauerampferblätter darüberstreuen.

Tafelspitz

1 kg	Tafelspitz
1½ l	Gemüsefond
1 große Prise	Salz
3 Stängel	Zitronengras, grob geschnitten
5	Kaffirlimettenblätter
2 EL	in Scheiben geschnittener Ingwer
1	Chilischote, halbiert
1 Bund	Koriander
2	Lorbeerblätter

Vinaigrette

3 Stängel	Zitronengras, äußere Blätter entfernt, Inneres gehackt
3 EL	gehackter Koriander
3 EL	fein geschnittener Schnittlauch
2	Frühlingszwiebeln, gewaschen und fein gewürfelt
2 EL	frisch geriebene Wasabiwurzel (oder 3 EL Wasabipaste)
3 EL	Zitronensaft
½	unbehandelte Zitrone, abgeriebene Schale
3 EL	Sonnenblumenöl
	schwarzer Pfeffer aus der Mühle

Sauerampfercreme

1	reife Avocado
2 Handvoll	Sauerampferblätter
1	Limette, Saft und abgeriebene Schale
2 EL	Sauerrahm
1 Prise	Zucker

2 EL	Olivenöl
2	Frühlingszwiebeln, gewaschen und fein gewürfelt
300 g	Guter Heinrich, ersatzweise junger Blattspinat, geputzt und gewaschen

1 Handvoll	Sauerampferblätter

kalbshaxen scheiben lorbeer-geschmort mit cassis perlzwiebeln

Die Kalbshaxenscheiben mit Mehl bestäuben und mit Salz und Pfeffer würzen. Das Sonnenblumenöl in einem Bräter erhitzen, die Haxenscheiben von beiden Seiten anbraten, herausnehmen. Im Bräter Zwiebel, Knoblauch und Karotte andünsten. Das Tomatenmark dazugeben und kurz mitrösten.
Mit Rotwein und Kalbsfond ablöschen und Salbei sowie Lorbeerblätter beifügen. Die Kalbshaxenscheiben dazugeben und zugedeckt im Backofen bei 160 Grad 2 Stunden schmoren.

Die Perlzwiebeln kurz in Salzwasser blanchieren und abschrecken. Die restlichen Zutaten aufkochen und über die Zwiebeln gießen. Mindestens 24 Stunden ziehen lassen.

Vor dem Servieren die Perlzwiebeln zum Fleisch geben und erwärmen. Dazu passt ein Rotweinrisotto.

Kalbshaxen

4	Kalbshaxenscheiben
2 EL	Mehl
	Salz
	schwarzer Pfeffer aus der Mühle
3 EL	Sonnenblumenöl
1	Zwiebel, geschält und fein gewürfelt
2	Knoblauchzehen, geschält und fein gewürfelt
1	Karotte, gewürfelt
2 EL	Tomatenmark
150 ml	Rotwein
500 ml	Kalbsfond
½ Bund	Salbei
8	frische Lorbeerblätter

Cassis-Perlzwiebeln

20	Perlzwiebeln, geschält und halbiert
200 ml	Cassissaft
100 ml	Himbeeressig
100 g	Honig
2	Lorbeerblätter
4	Pimentkörner

»
Die Kalbshaxenscheiben sollte man am Rand immer einmal einschneiden. Dadurch bleiben sie gerade und wölben sich nicht nach oben.

basilikum

vegetarisch

Viel Fantasie und Besinnung auf das Grundprodukt ist beim Kochen mit Gemüse der Schlüssel zum Erfolg. Teigwaren oder Getreide wie Polenta, Gerste und Reis gehen uns dabei flink zur Hand, um kleine Vorspeisen oder reichhaltige Hauptgänge zu kreieren. Und dann ziehe ich aus dem Aromenfächer der Kräuter jenes heraus, welches das Produkt und sein Aroma am besten unterstreicht. So trifft Rucola im Risotto auf Mokka und Bergkäse. Und milder Mönchsbart auf supersofte Ricotta-Gnocchi.

zucchini mitsuba frittata mit korianderblüten

Zucchini und Frühlingszwiebeln in Scheiben schneiden und in einer beschichteten Pfanne im Olivenöl kurz anbraten. Die gehackten Mitsubablätter sowie Koriander dazugeben.

Die restlichen Zutaten verrühren, mit Salz und Pfeffer abschmecken und zu der Gemüsemischung in die Pfanne geben. Bei mittlerer Temperatur stocken lassen und im 200 Grad heißen Backofen 6 Minuten goldbraun fertig garen.

Mit gezupftem Koriander und Korianderblüten servieren.

	Frittata
2 mittelgroße	Zucchini
2	Frühlingszwiebeln, gewaschen
2 EL	Olivenöl
1 Handvoll	grob gehackte Mitsubablätter (Japanische Petersilie)
1 Msp.	Koriander, gemahlen
4	Eier
2	Eiweiß
300 ml	Milch
	Salz
	schwarzer Pfeffer aus der Mühle
2 EL	grob gehackte Korianderblätter
	Korianderblüten

»

Koriander ist eines meiner liebsten Kräuter aus meinem Kräutergarten. Er schmeckt frisch geerntet viel besser als gekauft. Und ich liebe all seine verschiedenen Stadien, vom feinen Grün über die aromatischen hübschen Blüten bis zu den knackigen wohlschmeckenden Samen.

ricotta basilikum gnocchi mit mönchsbart

Die Basilikumblätter mit den Eiern fein mixen. Mit Ricotta, Mehl und Parmesan zu einem weichen Teig vermengen. Mit Salz, Pfeffer und Anis abschmecken. Auf einer bemehlten Arbeitsfläche Rollen formen und diese in 2 cm dicke Scheiben schneiden.

Die Gnocchi in kochendes Salzwasser geben, einmal aufkochen und dann noch etwa 5 Minuten ziehen lassen. Mit einer Schaumkelle aus dem Wasser nehmen und kurz in Basilikumöl schwenken.

Die Zwiebel im Basilikumöl in einem Topf anschwitzen. Spinat, Tomaten und Mönchsbart dazugeben und etwa 3 Minuten weiterbraten. Mit Salz und Pfeffer abschmecken.

Die Gnocchi mit dem Gemüse und dem Mönchsbart anrichten.

	Gnocchi
1 Bund	Basilikum, Blätter abgezupft
2	Eier
500 g	Ricotta
160 g	Mehl
60 g	Parmesan
	Salz
	schwarzer Pfeffer aus der Mühle
1 Msp.	Anis, gemahlen
5 EL	Basilikumöl (siehe Basics Seite 329)

	Mönchsbart und Tomaten
1	Zwiebel, geschält und fein gewürfelt
2 EL	Basilikumöl (siehe Basics Seite 329)
2 Handvoll	frischer Blattspinat, gewaschen und gezupft
300 g	gelbe Cherrytomaten (oder rote)
1 Bund	Mönchsbart

»

Die Gnocchi rolle ich immer auf einem Stück bemehltem Backpapier aus. So kann ich sie dann problemlos vom Papier ins Wasser gleiten lassen. Je nach Ricotta kann die Masse recht weich werden. Dann einfach etwas Mehl zugeben oder mit dem Löffel Klößchen abstechen.

gurken basilikum curry mit anis tapioka

Gurke schälen und mit einem kleinen Parisienne-löffel kleine Kugeln ausstechen. Den Rest der Gurke (auch die Schale) mit den restlichen Zutaten mixen und 5 Minuten köcheln lassen. Abpassieren und mit Salz und Limettensaft abschmecken.

½ Liter Salzwasser mit Limettenblättern und Sternanis aufkochen, Tapioka dazugeben, 4 Minuten unter Rühren köcheln und anschließend 4 Minuten ziehen lassen. Unter kaltem Wasser abschrecken.

Die Avocado mit allen Zutaten fein mixen, abschmecken und in einen Spritzbeutel füllen.

Tapioka im Gurkencurry erwärmen, Gurkenkugeln und Pistazien dazugeben. In Schalen anrichten und die Avocadocreme, Gurkenscheiben, Basilikumblätter und Basilikumöl daraufgeben.

Gurkencurry

1	Gurke
1 EL	in Scheiben geschnittener Ingwer
1 Bund	Basilikum, grob geschnitten
1 Stängel	Zitronengras
1 TL	grüne Currypaste
150 ml	Ananassaft
250 ml	Kokosmilch
	Salz
	Limettensaft zum Abschmecken

Tapioka

2	Limettenblätter
1	Sternanis
100 g	Tapioka

Avocadocreme

1	weiche Avocado
1	Limette, Saft und fein abgeriebene Schale
2 EL	Crème fraîche
½	grüne Chili, entkernt und gewürfelt
	Salz

50 g	Pistazien, geröstet und gehackt,
1 Handvoll	Basilikumblätter
2	Minigurken, in feine Scheiben geschnitten
4 EL	Basilikumöl (siehe Basics Seite 329) zum Beträufeln

»
Dieses Curry ist mein Lieblings-Amuse-Bouche für ein großes Menu. Es macht durch seine Frische Appetit auf mehr.

rucola mokka risotto mit bergkäse crunch

Olivenöl erhitzen, die Schalotten, den Knoblauch und den Risottoreis 1 Minute darin glasig anschwitzen. Weißwein und Gemüsefond dazugießen und bei geringer Temperatur etwa 18 Minuten köcheln lassen, dabei ab und zu umrühren. Zum Schluss Butter, Käse, Espresso und Pesto darunterrühren. Mit Salz und Pfeffer abschmecken.

Für den Crunch Bergkäse mit Kaffeepulver mischen. Dünn auf ein mit Backpapier belegtes Blech streuen und im 180 Grad heißen Backofen 8 Minuten knusprig goldbraun backen. Auf einem Gitter kalt werden lassen und in Stücke brechen.

Die Rucolablätter im 160 Grad heißen Öl knusprig frittieren. Auf Küchenpapier abtropfen lassen und salzen.

Den Risotto in Schalen anrichten. Käse-Crunch und Rucolafritt daraufgeben.

Risotto

2 EL	Olivenöl
2	Schalotten, fein gewürfelt
1	Knoblauchzehe, geschält und fein gewürfelt
200 g	Risottoreis (Carnaroli)
100 ml	Weißwein
450 ml	Gemüsefond
3 EL	Butter
4 EL	reifer Bergkäse (Hartkäse), frisch gerieben
1 Tasse	Espresso
6 EL	Rucola-Pistazien-Pesto (siehe Basics Seite 331)
	Salz
	schwarzer Pfeffer aus der Mühle

Käse-Crunch

80 g	reifer Bergkäse, fein gerieben
2 Msp.	Kaffeepulver

Rucolafritt

1 Bund	Rucola
	Öl zum Frittieren (z. B. Sonnenblumenöl)
	Salz

erbsen gerste mit minze und miso hollandaise

Die Rollgerste in einem Sieb kalt abspülen. Im gesalzenen Gemüsefond etwa 15 Minuten weich garen und abgießen. Ingwer, Schalotten und Chili im Olivenöl anschwitzen. Mit Gemüsefond und Rahm aufgießen und aufkochen. Minze dazugeben und 10 Minuten köcheln lassen. Mit Salz und Pfeffer abschmecken und durch ein feines Sieb passieren.

Gerste und Erbsen darin wärmen und mit Butter, Parmesan und Misopaste sämig rühren.
Die Erbsen für das Erbsenpüree in Salzwasser mit einer Prise Zucker weich kochen und mit den restlichen Zutaten fein pürieren. Durch ein Sieb streichen.

Für die Hollandaise die Butter schmelzen und auf 60 Grad erhitzen. Die restlichen Zutaten verrühren und die Butter einmixen. Die Hollandaise in einen Rahmbläser geben.

Die Erbsengerste in Schalen anrichten, Erbsenpüree und Hollandaise daraufgeben und die Minzblätter darüberstreuen.

»

Die Minzblätter kann man auch wunderbar frittieren. Dadurch bekommt das Gericht noch einen ›Aroma-Crunch‹. Ich mag sehr gerne die Konsistenz und den Geschmack von frittierten Kräutern. Frittieren lassen sie sich eigentlich alle.

Gerste

300 g	Rollgerste
1½ l	Gemüsefond
1 EL	gehackter Ingwer
2	Schalotten, gewürfelt
1	grüne Chili, entkernt und gewürfelt
1 EL	Olivenöl
300 ml	Gemüsefond
300 ml	Rahm (Sahne)
1 Bund	Minze, samt Stängeln klein geschnitten, ein paar Blätter beiseitegelegt
	Salz
	Pfeffer aus der Mühle
300 g	Erbsen, kurz blanchiert und in Eiswasser abgeschreckt
3 EL	Butter
3 EL	Parmesan, gerieben
2 EL	helle Misopaste

Erbsenpüree

200 g	Erbsen
	Salz
	Zucker
1 TL	gehackte Minze
1 TL	gehackter Ingwer
50 ml	Rahm (Sahne)

Miso-Hollandaise

125 g	Butter
60 g	helle Misopaste
2	Eigelb (30 g)
75 g	Vollei

zucchiniblüten schnittzwiebel pakoras

Zucchiniblüten, Schnittzwiebeln, Frühlingszwiebeln und Rucola in längliche Streifen schneiden. Aus den restlichen Zutaten einen Teig zubereiten und dann alles zusammenmengen.

Das Öl in einem kleinen Topf auf 170 Grad erhitzen und portionsweise flache goldbraune Pakoras ausbacken. Auf Küchenpapier abtropfen lassen und knusprig heiß servieren.

8	Zucchiniblüten
1 Bund	Schnittzwiebeln, geschält
3	Frühlingszwiebeln, gewaschen
1 Handvoll	Rucola, gewaschen und trocken geschüttelt
90 g	Mehl
1 TL	Salz
1½ TL	Backpulver
½ TL	Kreuzkümmel
1	Ei
2–3 EL	Wasser
	Öl zum Frittieren (z. B. Sonnenblumenöl)

»

Die Pakoras lassen sich mit fast allen Gemüsesorten zubereiten. Sie sind auch perfekte Begleiter für Currygerichte.

gebackene ochsenherztomate mit erdbeerspinat und ziegenkäse

Den Strunk der Tomaten herausschneiden und die Tomaten am unteren Ende kreuzförmig einritzen. In kochendem Wasser 15 Sekunden blanchieren, dann in Eiswasser abschrecken. Die Haut abziehen und einen Deckel abschneiden. Auf ein Blech setzen und mit Olivenöl und Gewürzen marinieren. Mit Alufolie abdecken und im 190 Grad heißen Backofen etwa 30 Minuten garen. Die Folie abnehmen und weitere 10 Minuten backen.

Alle Zutaten für das Pesto fein mixen.

Die Tomaten in tiefe Teller setzen, den gezupften Erdbeerspinat dazulegen und den Ziegenkäse darüberbröseln. Mit dem Pesto und dem Schmorfond der Tomaten marinieren.

Tomaten

6	Ochsenherztomaten
6 EL	Olivenöl
	Fleur de Sel
1 Msp.	Anis, gemahlen

Pesto

2 Handvoll	Thaibasilikumblätter
1 Handvoll	Erdbeerspinatblätter
1	Knoblauchzehe, geschält und gerieben
80 ml	Olivenöl
1 EL	Zitronensaft
	Salz

2 Bund	Erdbeerspinatblätter
200 g	Ziegenfrischkäse

reispapier rollen mit minze, büffelricotta und mönchsbart

Die Reispapierbätter in kaltem Wasser einzeln einweichen. Mit einem Tuch abtupfen. Ricotta, Gurke, Kräuter (einige zum Anrichten aufbewahren) sowie Sesam auf den Blättern verteilen. Diese fest einrollen und mit einem scharfen Messer in 3 cm lange Rollen aufschneiden. Auf Teller stellen und mit dem Dressing und Minzöl beträufeln. Die restlichen Kräuter darauf verteilen.

12	Reispapierblätter
200 g	Büffelricotta
1 kleine	Salatgurke, in lange Scheiben geschnitten
1 Bund	Mönchsbart
1 Bund	Minze, gezupft
½ Bund	Dill, gezupft
1 EL	schwarzer Sesam
1 EL	weißer Sesam
4 EL	Miso-Koriander-Dressing (siehe Basics Seite 335)
2 EL	Minzöl (siehe Basics Seite 329)

»

Die sogenannten Sommerrollen habe ich in Vietnam kennengelernt. Es ist ein Riesenvergnügen, die Rollen mit ihrer knackigen Füllung mit der Hand zu essen. Eigentlich kann man alles, was frisch und knackig ist, hineinpacken.

anis tomaten mit burrata und duftnessel

Das Olivenöl auf 60 Grad erwärmen und den Anis dazugeben. Abgedeckt über Nacht ziehen lassen. Dann durch ein feines Sieb abpassieren.

6 Datteltomaten in dünne Scheiben schneiden und auf ein mit Backpapier ausgelegtes Blech legen. Mit Salz und Puderzucker bestäuben und bei 80 Grad 3 Stunden im Backofen trocknen. Nach 2 Stunden die Scheiben wenden.

Den Rest der Datteltomaten sowie die Ochsenherztomaten kurz blanchieren, kalt abschrecken und die Haut abziehen.

Die Datteltomaten mit dem Anisöl in einen Topf geben und bei 80 Grad 2 Stunden konfieren.

Die Ochsenherztomaten in Scheiben schneiden, mit Fleur de Sel und Pfeffer würzen und auf Tellern anrichten. Die konfierten Datteltomaten und die zerpflückte Burrata daraufgeben. Brioche oder Brot in etwas Anisöl in der Pfanne kurz anbraten und in Stücke brechen. Auf die Tomaten legen und mit etwas Anisöl, Duftnesselblättern und Bronzefenchel abschließen.

Anisöl

100 ml Olivenöl, beste Qualität
2 EL Anis, gemörsert

Tomaten und Burrata

300 g Datteltomaten
Salz
Puderzucker
2 große Ochsenherztomaten
Fleur de Sel
schwarzer Pfeffer aus der Mühle
300 g Burrata

3 Scheiben Brioche oder Weißbrot
1 Handvoll Duftnesselblätter (Aniskraut)
1 Handvoll Bronzefenchel

erdnuss majoran kroketten mit avocado und shiso

Für die Kroketten das Olivenöl in einer Pfanne erhitzen und darin Zwiebeln, Knoblauch, Sellerie und Chili anschwitzen. Zusammen mit den restlichen Zutaten im Cutter mixen, abschmecken und im Kühlschrank zugedeckt 30 Minuten ruhen lassen. Zu kleinen Kugeln formen und im 170 Grad heißen Öl goldbraun frittieren.

Die Shisoblätter ebenfalls frittieren.

Für die Avocadocreme das Avocadofleisch mit den übrigen Zutaten fein mixen, abschmecken und in einen Spritzsack füllen.

Die Avocadoscheiben auf Tellern anrichten, mit Fleur de Sel würzen und mit der Limettenmarinade beträufeln. Die Avocadocreme aufspritzen, Kroketten sowie Shisoblätter darauf verteilen und das Limetten-Chimichurri darübergeben.

»

Die Avocadocreme fülle ich immer in Einwegspritzbeutel. So kann man sie im Kühlschrank bis zu 2 Tage aufbewahren und sie schön punktförmig aufspritzen.

Kroketten

2 EL Olivenöl
1 Zwiebel, geschält und fein gewürfelt
2 Knoblauchzehen, geschält und fein gewürfelt
2 Selleriestangen, fein gewürfelt
1 grüne Chili, entkernt und fein gewürfelt
200 g Kichererbsen, gekocht
100 g Erdnüsse, geröstet und gehackt
3 EL gehackter Majoran
½ TL Trockenhefe
1 Eigelb
Salz
Öl zum Frittieren (z. B. Sonnenblumenöl)

12 Shisoblätter

Avocadocreme

1 reife Avocado
½ Limette, Saft und abgeriebene Schale
2 EL Crème fraîche
1 Prise Kardamom, gemahlen
½ grüne Chili, entkernt und gewürfelt
½ TL Zucker
Salz

2 reife Avocado, in Scheiben geschnitten
Fleur de Sel
5 EL Limetten-Chimichurri
(siehe Basics Seite 337)

frühlingszwiebel rosmarin quiche mit schafskäse

Für den Teig Mehl und Salz in eine Schüssel sieben. Die kalte Butter und Rosmarin vorsichtig mit den Fingerspitzen zu einem krümeligen Teig einarbeiten. Die Milch dazugeben und zu einem glatten Teig verkneten.

In Folie verpackt 3 Stunden im Kühlschrank ruhen lassen. Den Teig dünn ausrollen und eine gebutterte Springform damit auslegen. Den Boden mit einer Gabel mehrfach einstechen.

Für die Füllung Eier und Rahm gut verrühren, abschmecken und die restlichen Zutaten dazugeben.

Die Tarte bei 180 Grad 10 Minuten blind backen. Anschließend die Füllung daraufgeben und 30 Minuten fertig backen.

Für eine Springform von 28 cm Durchmesser

Teig

230 g	Mehl
½ TL	Salz
110 g	kalte Butter
2 EL	gehackter Rosmarin
60 ml	Milch
	Butter für die Form

Füllung

3	Eier
180 ml	Rahm (Sahne)
	Salz
	schwarzer Pfeffer aus der Mühle
2 EL	gehackter Rosmarin
250 g	Frühlingszwiebeln, gewaschen und gewürfelt
200 g	Schafskäse, klein geschnitten

»

Zum Blindbacken legen Sie ein zugeschnittenes Backpapier auf den Teig in die Form. Auch der Teigrand muss bedeckt sein. Dann füllt man zum Beschweren Kichererbsen, Bohnen oder Ähnliches ein. Das Ganze wird nach der kurzen Backzeit wieder entfernt; der Teigboden bleibt auf diese Weise flach und der Rand ist schön vorgebacken.

grüntee linsen curry mit schnittknoblauch und koriander falafel

Für das Curry Ingwer, Zitronengras, Koriander, Knoblauch, Limettenblätter und Currypaste im Öl andünsten, mit der Kokosmilch ablöschen, Chili und Grüntee dazugeben und alles 15 Minuten köcheln lassen. Mit Salz abschmecken. Durch ein Sieb streichen. Linsen, Spinat und Schnittknoblauch dazugeben. Einmal aufkochen und abschmecken.

Für die Avocadocreme Limettensaft und -schale mit Zucker und Grüntee aufkochen, wenig einkochen. Crème fraîche und Koriandersamen einrühren und 5 Minuten ziehen lassen. Durch ein Sieb streichen. Das Avocadofleisch mit der Limettencreme mixen und mit Salz und Pfeffer abschmecken.

Das Curry in Schalen anrichten, Avocadocreme und Falafel daraufgeben und die Schnittknoblauchblüten darüberstreuen.

Curry

1 EL	gehackter Ingwer
2 Stangen	Zitronengras, gehackt
einige	Korianderstängel mit Wurzeln
1	Knoblauchzehe, geschält und geviertelt
5	Limettenblätter, getrocknet
1 TL	grüne Currypaste
1 EL	Erdnussöl
600 ml	Kokosmilch
2	grüne Chilis, entkernt und fein gehackt
4 EL	Grünteeblätter
	Salz
250 g	Berglinsen, gekocht
200 g	Blattspinat
1 Bund	Schnittknoblauch, schräg in feine Scheiben geschnitten, die Blüten beiseitelegen

Avocadocreme

1	Limette, Saft und abgeriebene Schale
2 TL	Zucker
2 TL	Grüntee
1 TL	Koriandersamen
1 EL	Crème fraîche
1	reife Avocado
	Salz
	schwarzer Pfeffer aus der Mühle

Falafel nach Rezept Seite 83

»

Vegetarische Currys gehören zu meinen absoluten Lieblingsgerichten. Vor allem, wenn Fabian, mein zweiter Sous-chef, sie kocht. Er ist ein absoluter Currymaster, seine Kombinationen sind unschlagbar. Solche ›Löffelgerichte‹ tun einfach gut, deshalb gibt es Currys auch oft als Mitarbeiteressen.

spinat tagliatelle mit dill und limette

Spinat-Tagliatelle

250 g Mehl
6 Eigelb
1 Ei
2 TL Olivenöl
1 EL Spinatmatte (siehe unten)

Parmesan-Crunch

100 g Parmesan
1 Msp. Fenchelsamen, gemörsert

6 EL Kräuteröl (siehe Basics Seite 329)
1 Bund Dill, gezupft und die Hälfte gehackt
2 Limetten, Saft und abgeriebene Schale
50 g Pistazien, geröstet und gehackt

Das Mehl in eine große Schüssel sieben und in der Mitte eine Mulde formen. Die übrigen Zutaten verrühren und in die Mulde geben. Mit zwei Fingern langsam von innen nach außen vermengen, bis das ganze Mehl eingearbeitet ist. Den Teig von Hand 10 Minuten gut kneten. In Folie gewickelt 45 Minuten ruhen lassen.

Den Teig auf der bemehlten Arbeitsfläche ausrollen, dann auf der größten Stufe durch die Pastamaschine drehen. Zusammenfalten und den Vorgang wiederholen. Dann den Vorgang auf der nächsten Stufe wiederholen. So fortfahren, bis die kleinste Stufe erreicht ist. Zuletzt den Teig durch die Schneidewalze drehen.

Für den Parmesan-Crunch den Parmesan mit den Fenchelsamen mischen und auf ein Backblech mit Backpapier streuen. Im 180 Grad heißen Backofen 8 Minuten backen. Auskühlen lassen und in Stücke brechen.

Die Pasta bissfest kochen und in einer Pfanne mit Kräuteröl, gehacktem Dill und Limetten schwenken. Abschmecken.

Die Tagliatelle auf Tellern anrichten, mit Parmesan-Crunch, Pistazien und gezupftem Dill bestreuen.

»

Spinatmatte färbt wunderbar verschiedenste Gerichte. Um sie herzustellen, mixt man frische Spinatblätter mit wenig Wasser. Dann den Spinatsaft auf etwa 65 Grad erhitzen. Das Chlorophyll steigt nach oben und kann mit einem Teesieb abgeschöpft werden.

pistazien polenta mit steinpilzen und aniskraut

Die Milch zusammen mit dem Selleriesaft und der Butter aufkochen, den Maisgrieß dazugeben und etwa 5 Minuten köcheln lassen. Parmesan, Pistazien und Pesto darunterrühren und mit Salz und Pfeffer abschmecken.

Die Steinpilze in Butter anbraten, bis sich keine Flüssigkeit mehr in der Pfanne befindet. Mit Salz und Pfeffer abschmecken und anschließend die Petersilie dazugeben.

Die Polenta in Schalen anrichten, die Steinpilze daraufgeben und die Kräuter darüberstreuen. Etwas Petersilienöl angießen.

Polenta

450 ml	Milch
300 ml	Selleriesaft
60 g	Butter
150 g	Maisgrieß
30 g	Parmesan, gerieben
80 g	fein gehackte Pistazien
5 EL	Petersilien-Walnuss-Pesto (siehe Basics Seite 331)
	schwarzer Pfeffer aus der Mühle
	Salz

Steinpilze

200 g	Steinpilze, geputzt und in Scheiben geschnitten
2 EL	Butter
1 EL	gehackte Petersilie

1 Handvoll	Aniskrautblätter und Fenchelblüten
4 EL	Petersilienöl (siehe Basics Seite 329)

»

Unsere Kräutersäcke mit dem Aniskraut sind die reinste Freude. Vor Jahren haben wir die Zellstoffkissen der abgeschnittenen Atsinakresse eingepflanzt. Diese wucherte den Sommer durch sehr stark und erwies sich sogar als winterhart. Ihr süß-aromatisches Aroma schmeckt mir auch sehr gut als Tee.

ziegenkäse oregano küchlein mit limetten guacamole und brunnenkresse

Für die Küchlein alle Zutaten glatt rühren und in gebutterte Silikonformen (4–5 cm Durchmesser) füllen. Im 180 Grad heißen Backofen etwa 7 Minuten backen.

Das Avocadofleisch mit den übrigen Zutaten fein mixen, abschmecken und in einen Spritzsack füllen.

Die Küchlein mit Guacamole, Pesto, Cashewkernen und Brunnenkresse anrichten.

Für 12 Küchlein

Ziegenkäseküchlein

150 g	Ziegenfrischkäse
100 g	Quark
2	Eier
1	unbehandelte Zitrone, Saft und abgeriebene Schale
4 EL	brauner Zucker
3 EL	Mehl
1 EL	gehackter Oregano
	Salz
	schwarzer Pfeffer aus der Mühle
	Butter für die Formen

Guacamole

1	reife Avocado
1	Limette, Saft und abgeriebene Schale
1 Handvoll	Brunnenkresse
2 EL	Crème fraîche
1 Prise	Kardamom, gemahlen
½	grüne Chili, entkernt und gewürfelt
1 Prise	Zucker
	Salz

100 g	Cashewkerne, geröstet und grob gehackt
4 EL	Brunnenkresse-Haselnuss-Pesto (siehe Basics Seite 331)

»

Die Küchlein wandeln wir je nach Saison und Gericht mit Tomaten, Kumquats und verschiedenen Gewürzen ab. Sie sind auch toll zum Apéro.

pandanblätter

dessert

Das Dessert soll ein Essen abrunden und einen letzten Glanzpunkt setzen, der den Gaumen nochmals bezirzt. Kräuter haben mit ihrer Vitalität die große Gabe, dem Dessert eine Unbeschwertheit zu verleihen. Verveine, kombiniert mit Apfel, sorgt für ein reines und erfrischendes Aroma. Die milde Shiso kitzelt beim Erdbeerdessert das schöne Fruchtaroma heraus, und der würzige Thymian verleiht dem Schokoladenmousse eine spannende Note. Es sind also keineswegs nur die süßen Kräuter, die hier zum Zuge kommen. Denn erst durch den anisartigen Dill wird Mango zum Glückstreffer. Und wenn am Schluss die Gäste froh am Tisch sitzen, dann weiß man: Die letzte, schöne Überraschung ist geglückt.

erdbeer rhabarber tarte mit limettenblatt krokant

Für das Kompott Zucker und Butter zu einem hellen Karamell schmelzen und Rhabarber dazugeben. 3 Minuten köcheln lassen, in eine Schüssel füllen und abkühlen lassen.

Für den Krokant Sablés, Puffreis und Zucker mit Limettenabrieb und Limettenblättern vermischen. Weiße Schokolade und Kakaobutter auf 29 Grad erwärmen und zu der Masse geben. Die Masse auf einem mit Backpapier ausgelegten Blech verteilen und im Kühlschrank fest werden lassen. In Stücke brechen.

Für die Creme Eier, Zucker, Limettenblätter und Rhabarbersaft gut verrühren und im Wasserbad auf 85 Grad erhitzen. Die ausgedrückte Gelatine darin auflösen und durch ein feines Sieb passieren. Auf 40 Grad abkühlen lassen und in 3 Teilen mit einem Mixstab die Butter einarbeiten. In einen Spritzbeutel füllen und im Kühlschrank 5 Stunden ziehen lassen.

Den Tarteboden 14 Minuten bei 165 Grad blind backen. Auskühlen lassen und aus der Form nehmen. Das Rhabarberkompott darauf verteilen. Erdbeeren mit Puderzucker bestäuben und daraufsetzen.

Die Creme aufspritzen und den Krokant sowie die Melissenblättchen darauf verteilen.

Boden

2 Teigböden à 20 cm Durchmesser (siehe Rezept Aprikosentartelette Seite 255)

Rhabarberkompott

60 g Zucker
1 TL Butter
250 g Rhabarber, in kleine Würfel geschnitten
1 EL gehackter Rosmarin

Krokant

75 g Sablés (siehe Rezept Zitronenthymian-Sablés, Seite 289)
20 g Puffreis, karamellisiert
1 TL brauner Zucker
1 Limette, abgeriebene Schale
3 Limettenblätter, sehr fein gehackt
65 g weiße Schokolade
25 g Kakaobutter

Rhabarbercreme

150 g Eier
140 g Zucker
3 Limettenblätter, sehr fein gehackt
100 ml Rhabarbersaft
1 Blatt Gelatine, eingeweicht
230 g Butter

300 g Erdbeeren, geviertelt
Puderzucker zum Bestäuben
1 Handvoll Zitronenmelisseblätter

pistazien verveine creme mit apfelschaum

Für die Englische Creme alle Zutaten gut mit dem Schneebesen verrühren und unter Rühren auf 85 Grad erwärmen. Durch ein feines Sieb passieren.

Die Creme in 3 Teilen mit dem Mixstab zur geschmolzenen Schokolade geben und glatt mixen, ohne Luft einzuarbeiten.

12 Stunden abgedeckt im Kühlschrank ziehen lassen, so entwickelt sich der volle Geschmack.

Für den Schaum Apfelsaft, Verveine, Limettenschale und Zucker aufkochen. Die ausgedrückte Gelatine darin auflösen. 10 Minuten ziehen lassen, dann durch ein feines Sieb passieren. Rahm und Joghurt mischen und daruntermixen. Ebenso den Orangen- und Limettensaft. In einen Sahnebläser (Siphon) füllen und mindestens 2 Stunden kalt stellen. Eine Patrone eindrehen.

Die Creme auf Tellern anrichten, den Schaum dazusprühen und Krokant sowie Verveineblätter dazugeben.

Englische Creme

50 g	Eigelb
1 Bund	Verveine, gezupft
140 ml	Rahm (Sahne)
25 ml	Orangensaft (ca. 2 EL)
110 ml	Limettensaft
30 g	Pistazienpaste

Pistaziencreme

330 g	Englische Creme
230 g	weiße Schokolade, geschmolzen

Apfelschaum

210 ml	Apfelsaft
1½ Bund	Verveine, gezupft
1	Limette, abgeriebene Schale
70 g	Zucker
2½ Blatt	Gelatine, eingeweicht
90 ml	Rahm (Sahne)
30 g	Joghurt
40 ml	Orangensaft
40 ml	Limettensaft

1 Handvoll	Krokant (siehe Teilrezept Seite 247)
1 Handvoll	Verveineblätter

schokoladen thymian mousse mit cassis gel

Für die Mousse den Zucker karamellisieren, langsam den Rahm einrühren, den Thymian dazugeben und 10 Minuten ziehen lassen. Anschließend durch ein Sieb passieren. Die Eigelbe in eine Schüssel geben und den aromatisierten Rahm langsam einrühren, über einem Wasserbad unter ständigem Rühren auf 85 Grad aufschlagen und dann zur geschmolzenen Kuvertüre geben. Unter Weiterrühren auf 35 Grad abkühlen lassen. Ein Drittel des geschlagenen Rahms daruntermischen und den Rest vorsichtig unterheben. In rechteckige Formen füllen und in den Kühlschrank stellen.

Alle Zutaten für das Gel gut mit dem Schneebesen verrühren und in einem Topf zum Kochen bringen. 3 Minuten unter Rühren köcheln lassen. In eine Schüssel füllen und im Kühlschrank fest werden lassen. Mit einem Mixer zu einem cremigen Gel verarbeiten. In einen Spritzsack oder eine Plastikspritzflasche füllen.

Die Mousse auf Tellern anrichten, Gel aufspritzen und Beeren, Thymian und Schokoladen-Sablés dazugeben.

Mousse

50 g	Zucker
140 ml	Rahm (Sahne)
4 EL	Thymian, gehackt
35 g	Eigelb (ca. 2 Eigelb)
200 g	dunkle Kuvertüre (67 % Kakaoanteil), geschmolzen
400 ml	Rahm (Sahne), halb geschlagen

Cassis-Gel

150 g	Cassispüree
150 g	Johannisbeerpüree
100 g	Himbeerpüree
1 Bund	Zitronenthymian, gezupft
30 g	Zucker
4,5 g	Agar-Agar

150 g	frische Cassisbeeren
1 EL	Thymianblättchen
100 g	Schokoladen-Sablés, zerbrochen

»

Julien, mein großartiger Chef-Pâtissier, besprüht seine Kreationen immer noch mit Schokolade aus dem Kompressor. Das gibt dann diese samtige Schicht.

dill sorbet mit mango und macadamia crunch

Für das Sorbet alle Zutaten zusammen aufkochen und im Kühlschrank 4 Stunden ziehen lassen. Im Mixer fein pürieren und durch ein feines Sieb passieren. In der Eismaschine gefrieren.

Die Mangos 2 Stunden im Sirup marinieren.

Für den Crunch den Nougat in ½ x ½ cm große Würfel schneiden. Zusammen mit den restlichen Zutaten in der Schüssel mit der Hand vermengen und gleichmäßig auf einer Silikonmatte oder einem Backpapier ausstreichen. Im Backofen bei 155 Grad für 20 Minuten backen. In grobe Stücke brechen.

Die Mango auf Tellern flach anrichten, Sorbet, Crunch und Dill daraufgeben.

»

Julien serviert dazu noch eine Dill-Emulsion, Mangocreme und -coulis. Aber auch ohne diese weiteren Komponenten ist das Dessert wunderbar lecker.

	Dillsorbet (ergibt 1 Liter)
370 ml	Apfelsaft
170 ml	Orangensaft
165 ml	Limettensaft
80 g	Passionsfruchtpüree
145 g	Zucker
60 g	Glukose
1 Prise	grüner Pfeffer, gemahlen
2 Stangen	Zitronengras, geschnitten
½ Bund	Dill, geschnitten
½ Bund	Thymian, geschnitten
½ Bund	Minze, geschnitten
½ Bund	Basilikum, geschnitten
½ Bund	Sauerampfer, geschnitten
	Mango
2	Mangos, in feine Scheiben geschnitten
	Basilikum-Minze-Sirup (siehe Teilrezept Seite 265)
	Macadamia-Crunch
90 g	Nougat
90 g	Sauerteig-Brotkrumen, getrocknet und fein gewürfelt
30 g	gehackte Macadamianüsse
1	Limette, abgeriebene Schale
45 g	brauner Zucker
30 g	Maisstärke
1	Ei
45 g	Butter, geschmolzen
1 Msp.	Anispulver
1 Bund	Dill, gezupft

aprikosen pistazien tartelette mit rucola

Alle Zutaten für den Boden zunächst mit 60 g Mehl mischen, ohne zu verkneten. Dann das restliche Mehl darunterkneten. In Folie gewickelt 2 Stunden im Kühlschrank ruhen lassen. Den Teig 3 mm dünn ausrollen und 10 gebutterte Förmchen von 6 cm Durchmesser damit auskleiden. Bei 165 Grad 12 Minuten blind backen.

Alle Zutaten für den Sirup bis auf die Aprikosen aufkochen. Dann mit den Aprikosenhälften vakuumieren und bei 85 Grad Dampf oder im Wasserbad garen.

Milch und Rucola fein mixen und durch ein feines Sieb passieren.

Rucolamilch und Pistazienpaste aufkochen und die ausgedrückte Gelatine sowie Glukose darin auflösen. In 3 Teilen mit dem Schneebesen in die Schokolade einrühren. Mit dem Pürierstab den Rahm untermixen. Die Pistaziencreme in einen Spritzsack füllen und kalt stellen.

Boden

120 g	zimmerwarme Butter
½ TL	Salz
90 g	Puderzucker
30 g	gemahlene Mandeln
1 kleines	Ei
235 g	Mehl

Aprikosen

375 ml	Wasser
80 g	Zucker
200 g	Passionsfruchtpüree
60 g	Ahornsirup
1 TL	Kardamom
12	Aprikosen, halbiert und entkernt

Rucolamilch

175 ml	Milch
30 g	Rucola (3 Bund), kurz in Salzwasser blanchiert und abgeschreckt

Pistazien-Rucola-Creme

180 ml	Rucolamilch
30 g	Pistazienpaste
2 Blatt	Gelatine, eingeweicht
7 g	Glukose
255 g	weiße Schokolade, geschmolzen
300 ml	Rahm (Sahne)

100 g	Aprikosenmarmelade
12	kleine Meringue (Baiser)
1 Handvoll	Rucolablätter
	Puderzucker

schokoladen koriander drops mit passionsfrucht gel

Alle Zutaten für das Gel gut mit dem Schneebesen verrühren und in einem Topf zum Kochen bringen. 3 Minuten unter Rühren köcheln lassen. In eine Schüssel füllen und im Kühlschrank fest werden lassen. Mit einem Mixer zu einem cremigen Gel verarbeiten. In einen Spritzsack oder eine Plastikspritzflasche füllen.

Für die Englische Creme Eigelb und Zucker gut verrühren. Alle Zutaten in einen Topf geben und unter Rühren auf 85 Grad erwärmen. Durch ein Sieb passieren.

Die Creme in 3 Teilen zur geschmolzenen Schokolade geben und gut verrühren. 12 Stunden abgedeckt im Kühlschrank ziehen lassen. In einen Spritzsack füllen.

Für die Passionsfrucht-Ganache das Passionsfruchtpüree mit dem Zucker aufkochen. In 3 Teilen mit dem Schneebesen unter die Kuvertüre rühren, auf Zimmertemperatur abkühlen lassen und mit dem Pürierstab die Butter einarbeiten. In eine mit Frischhaltefolie ausgelegte Form (15 x 15 cm) geben und abgedeckt 24 Stunden im Kühlschrank ruhen lassen. In 1 cm große Würfel schneiden und im Kakaopulver wälzen.

Für die Drops die Schokolade auf 31 Grad temperieren und das Korianderpulver einrühren. Je 1 EL der Schokolade rund auf eine feste Folie geben und erkalten lassen.

Creme, Ganache und Gel auf die Drops geben und etwas Mandelkrokant sowie Korianderblüten darauf verteilen.

Gel

200 g Passionsfruchtpüree
200 g Apfelpüree
1 TL Koriander, gemahlen
30 g Zucker
3 g Agar-Agar

Englische Creme

50 g Eigelb
25 g Zucker
100 g Passionsfruchtpüree
30 g Mangopüree
½ Bund Korianderblätter, gezupft

Schokoladencreme

330 g Englische Creme
170 g Milchschokolade, geschmolzen

Passionsfrucht-Ganache

120 g Passionsfruchtpüree
40 g Invertzucker
300 g Vollmilchkuvertüre, geschmolzen
40 g kalte Butter, gewürfelt
2 EL Kakaopulver

Drops

200 g dunkle Schokolade (70 % Kakaoanteil)
1 TL Korianderpulver

1 Handvoll Korianderblüten
Mandelkrokant

sauerampfer granité mit joghurt mousse

Für die Creme-Infusion alle Zutaten vermengen und aufkochen. 12 Stunden im Kühlschrank ziehen lassen und anschließend passieren.

Für die Italienische Meringue das Eiweiß in eine Rührschüssel geben. Zucker und Wasser auf 121 Grad erhitzen, langsam zum Eiweiß geben und aufschlagen, bis die Masse handwarm heruntergekühlt ist.

Für die Joghurtmousse das Passionsfruchtpüree mit dem Zitronensaft auf 50 Grad erhitzen, die ausgedrückte Gelatine darin auflösen und zum Joghurt geben. In 3 Teilen zur Italienischen Meringue geben und die Creme-Infusion vorsichtig darunterziehen. Die Mousse in Halbkugelformen von 4 cm Durchmesser füllen und gefrieren.

Für die Granité alle Zutaten außer Sauerampfer und Joghurt aufkochen. Erkalten lassen und den Sauerampfer dazugeben. Fein mixen und durch ein feines Sieb passieren. Mit dem Joghurt mischen und in eine flache Form gießen. Im Tiefkühler gefrieren lassen. Dabei alle 20 Minuten mit einer Gabel oder einem Schneebesen umrühren, bis die Masse zu kleinen Kristallen gefroren ist.

Die Mousse aus den Formen drücken und mit der Granité in Schalen anrichten. Den Sauerampfer darüberstreuen.

Dazu passt auch sehr gut der Apfelschaum (siehe Seite 249).

Creme-Infusion

150 ml	Rahm (Sahne)
4 Stangen	Zitronengras, geschnitten
½	Limette, abgeriebene Schale

Italienische Meringue

60 g	Eiweiß (von ca. 2 Eiern)
95 g	Zucker
30 ml	Wasser

Joghurtmousse

10 g	Passionsfruchtpüree
1 EL	Zitronensaft
1 ¼ Blatt	Gelatine, in Eiswasser eingeweicht
60 g	Joghurt
50 g	Italienische Meringue
125 g	Creme-Infusion, leicht aufgeschlagen

Granité

120 ml	Orangensaft
75 ml	Apfelsaft
30 g	Passionsfruchtpüree
40 ml	Limettensaft
60 g	Zucker
1 Stängel	Zitronengras, geschnitten
2 Bund	Sauerampfer, grob geschnitten
15 g	Sauerampfer
150 g	Joghurt

1 Handvoll Sauerampferblätter

estragon olivenöl lolli mit weißer schokolade

Mousse

95 ml	Milch
1 Bund	Estragon, gezupft
6 g	Invertzucker
3 Blatt	Gelatine, eingeweicht
150 g	weiße Schokolade, geschmolzen
75 ml	Olivenöl
70 g	Crème fraîche
20 ml	Milch
250 ml	Rahm (Sahne), geschlagen

Glasur

80 g	weiße Schokolade
20 g	Kakaobutter
1 Msp.	Chlorophyllpulver
	frische Estragonblätter

Milch, Estragon und Invertzucker aufkochen und 3 Minuten ziehen lassen. Die ausgedrückte Gelatine dazurühren und durch ein feines Sieb passieren. In 3 Teilen zur geschmolzenen Schokolade geben und glatt rühren.

Olivenöl, Crème fraîche und 20 ml Milch verrühren und mit dem Mixstab in die Schokoladenmasse einarbeiten. Dann den geschlagenen Rahm vorsichtig unterheben. Die Schokoladenmasse darf hierfür maximal 35 Grad haben. In Silikonhalbkugeln füllen und tiefkühlen. Aus den Formen drücken und immer zwei Teile zu einer Kugel zusammensetzen.

Für die Glasur Schokolade und Kakaobutter schmelzen und Chlorophyll einrühren. Die Kugeln auf Holzspieße stecken und in die Glasur tauchen. Abtropfen lassen und fest werden lassen. Frische Estragonblätter daraufgeben.

zitronen basilikum tarte

Für den Boden Butter, Zucker, Zitronenabrieb und Salz mit dem Schneebesen gut verrühren. Alle restlichen Zutaten bis auf das Eigelb dazugeben und vermengen. Zum Schluss das Eigelb dazukneten. Den Teig, in Folie gewickelt, 2 Stunden im Kühlschrank ruhen lassen.

Den Teig 2 mm dünn ausrollen und in 8 cm große Kreise ausstechen. Die Teigkreise auf ein mit Backpapier ausgelegtes Blech setzen, mit einer Gabel mehrmals einstechen und im 165 Grad heißen Backofen 12 Minuten backen.

Alle Zutaten für die Creme bis auf Gelatine und Butter aufkochen. Die ausgedrückte Gelatine unterrühren und durch ein feines Sieb passieren. Auf 35 Grad abkühlen lassen und mit einem Mixstab die Butter einarbeiten. In einen Spritzsack füllen und kalt stellen.

Für die Meringue Zucker und Wasser bei 121 Grad zum Sirup kochen. Das Eiweiß aufschlagen und den Sirup unter Weiterschlagen einfließen lassen. Bis zum Erkalten weiterschlagen. In einen Spritzsack füllen.

Die Creme auf die Tartes geben. Meringuemasse aufspritzen und mit dem Bunsenbrenner kurz abflammen. Himbeeren und Basilikumblätter darauf verteilen.

Für 6 kleine Tartes à 8 cm Durchmesser

Boden

85 g	zimmerwarme Butter
40 g	brauner Zucker
1	unbehandelte Zitrone, abgeriebene Schale
1 Prise	Fleur de Sel
2 EL	gemahlene Mandeln
1 große Prise	Anispulver
135 g	Mehl
2 g	Backpulver
1	Eigelb (20 g)

Zitronencreme

80 ml	Zitronensaft
1	unbehandelte Zitrone, abgeriebene Schale
70 g	Mangopüree
50 ml	Limettensaft
3	Eigelb
75 g	Eier (ca. 1½ Stück)
5 g	Zucker
1 Bund	Basilikum, gezupft
1 Blatt	Gelatine, eingeweicht
80 g	Butter

Meringue

150 g	Zucker
50 ml	Wasser
80 g	Eiweiß (von 3 Eiern)

200 g	Himbeeren
1 Handvoll	Basilikumblätter

fruchtsalat mit basilikum minze sirup

Alle Zutaten für den Sirup aufkochen und 30 Minuten ziehen lassen.

Die Früchte mit dem Sirup marinieren und weitere 10 Minuten ziehen lassen.

Den Fruchtsalat auf Teller verteilen und Minz- und Basilikumblätter darüberstreuen.

	Sirup
100 ml	Wasser
250 ml	Orangensaft
90 ml	Limettensaft
100 g	Zucker
½ Bund	Minze, gezupft
½ Bund	Basilikum, gezupft
1	Zimtstange
	Salat
1	rosa Grapefruit, filetiert
3	Aprikosen, in feine Spalten geschnitten
100 g	Himbeeren
100 g	Blaubeeren
100 g	weiße Johannisbeeren
100 g	rote Johannisbeeren
½	Mango, fein geschnitten
je 1 Handvoll	Minzblätter und Basilikumblätter

»
Mit diesem Sirup wird ein simpler Fruchtsalat zum Geschmackserlebnis. Natürlich können alle möglichen Früchte in diversen Kombinationen damit verzaubert werden.

thymian sauerrahm eis am stiel

Milch, Zitronengras, Vanille, Thymian und Limettenschale in einem Topf langsam erwärmen. Wenn 35 Grad erreicht sind, das Milchpulver einrühren. Bei 40 Grad den Zucker mit der Glukose dazurühren.

Auf 85 Grad erwärmen, in eine Schüssel füllen und abgedeckt im Kühlschrank 12 Stunden ziehen lassen.

Abpassieren und mit Sauerrahm und Limettensaft gut verrühren. In der Eismaschine gefrieren.

In zylinderförmige Formen füllen und dicke Holzspieße hineinstecken. Im Tiefkühler 6 Stunden durchfrieren lassen. Aus der Form nehmen und genießen!

Für 1 Liter

400 ml	Milch
2 Stängel	Zitronengras, geschnitten
1	Vanilleschote, halbiert und ausgekratzt
1 Bund	Thymian, grob geschnitten
2	Limetten, abgeriebene Schale
75 g	Milchpulver
120 g	Zucker
40 g	Glukose
220 g	Sauerrahm
140 ml	Limettensaft

limetten basilikum eismousse mit meringue

Für die Eismousse Rahm und Basilikum auf 60 Grad erwärmen, dann 12 Stunden abgedeckt kühl stellen. Durch ein feines Sieb abpassieren und aufschlagen. Zucker, Wasser und Limettenschale auf 121 Grad erwärmen und nach und nach vorsichtig zum geschlagenen Eiweiß geben, bis die Masse erkaltet ist. ⅓ des Zitronensafts zum Eischnee, den restlichen Saft zum aufgeschlagenen Rahm geben. Beide Massen vermischen, in Zylinderformen füllen und tiefkühlen.

Rahm, Basilikum und abgeriebene Zitronenschale aufkochen. 10 Minuten ziehen lassen und durch ein feines Sieb passieren. In 3 Teilen unter die Schokolade rühren. 12 Stunden abgedeckt im Kühlschrank ziehen lassen. Die Masse wie Rahm aufschlagen und in einen Spritzsack füllen.

Für die Meringue Eiweiß, Zitronensaft und Eiweißpulver aufschlagen. Den Zucker langsam einrieseln lassen und weiterrühren. Dann vorsichtig den Puderzucker einarbeiten.

Auf eine Backmatte dünn aufstreichen und im 70 Grad warmen Backofen 12 Stunden trocknen lassen. In Stücke brechen.

Die Eismousse aus den Formen drücken und mit der Creme und den Meringue-Plättchen anrichten. Beeren und Basilikumblätter dazugeben.

Eismousse

125 ml Rahm (Sahne)
½ Bund Basilikum, grob geschnitten
120 g Zucker
40 ml Wasser
2 Limetten, abgeriebene Schale
2 Eiweiß, steif geschlagen
75 ml Zitronensaft

Weiße-Schokolade-Rahm

250 ml Rahm (Sahne)
3 EL Basilikum, geschnitten
2 unbehandelte Zitronen, abgeriebene Schale
125 g weiße Schokolade, geschmolzen

Meringue

50 g Eiweiß (von ca. 2 kleinen Eiern)
45 ml Zitronensaft
5 g Eiweißpulver
100 g Zucker
100 g Puderzucker

100 g Blaubeeren
100 g Brombeeren
Basilikumblätter

erdbeer kardamom creme mit shiso espuma

Für den Erdbeersaft die Erdbeeren mit dem Wasser aufkochen und 4 Stunden ziehen lassen. Durch ein feines Sieb passieren.

Für die Creme die Milch aufkochen. In einem anderen Topf Erdbeersaft, Limettensaft, Kardamom und Glukose aufkochen. Dann die beiden Flüssigkeiten mischen und die eingeweichte Gelatine darin auflösen. Durch ein feines Sieb passieren und in 3 Teilen mit dem Schneebesen unter die Schokolade rühren. Mit dem Mixstab Rahm und Crème fraîche einarbeiten. 12 Stunden abgedeckt im Kühlschrank kalt stellen.

Für den Espuma Erdbeersaft, Zucker, Shiso und Kardamom aufkochen. Die ausgedrückte Gelatine darin auflösen und durch ein feines Sieb passieren. Rahm und Joghurt darunterrühren und zum Schluss Passionsfruchtpüree und Limettensaft dazurühren. In einen Sahnebläser (Siphon) füllen und 2 Stunden im Kühlschrank ziehen lassen. Eine Patrone aufdrehen und gut schütteln.

Die Erdbeercreme auf Tellern anrichten, die Erdbeeren dazugeben und mit Puderzucker bestäuben. Sablé und Shisoblätter daraufgeben und den Espuma aufsprühen.

Erdbeersaft

500 g Erdbeeren, geviertelt
100 ml Wasser

Creme

60 ml Milch
40 ml Erdbeersaft
20 ml Limettensaft
½ TL Kardamom, gemahlen
5 g Glukose
1½ Blatt Gelatine, eingeweicht
170 g weiße Schokolade, geschmolzen
150 ml Rahm (Sahne)
50 g Crème fraîche

Shiso-Espuma

220 ml Erdbeersaft
50 g Zucker
12 rote Shisoblätter, geschnitten
1 Msp. Kardamom
2 Blatt Gelatine, eingeweicht
90 ml Rahm (Sahne)
35 g Joghurt
50 g Passionsfruchtpüree
30 ml Limettensaft

200 g Erdbeeren, in Scheiben geschnitten
Puderzucker zum Bestäuben
100 g Sablés, zerbröselt (siehe Rezept Zitronenthymian-Sablés, Seite 289)
1 Handvoll rote Shisokresse

estragon

gebäck

Kaum verwunderlich, dass Kräuter auch dort ihren Dienst tun, wo das behagliche Aroma von Gebäck das Haus erfüllt. Alles, was man braucht, ist ein Quäntchen Mut und Fantasie. Da wird ein Sablé mit Thymianduft parfümiert oder mit Petersilie überraschend Farbe und Aroma in einen Briocheteig gemischt. So einfach geht es, wenn Kräuter Gebäck Leichtigkeit und spannende Würze verleihen. Und aus einem einfachen Gebäck wird etwas ganz besonderes.

röstknoblauch brötchen mit petersilie und meerrettich

Den Knoblauch mit 1 EL vom Olivenöl bestreichen und im 180 Grad heißen Backofen 30 Minuten rösten. Die Zehen aus den Häuten herausdrücken und mixen.

Hefe, Wasser, Milch und braunen Zucker in einer Schüssel mischen. An einem warmen Ort 10 Minuten gehen lassen. Mehl, Salz, restliches Olivenöl und Knoblauchpaste in einer Schüssel mischen. Die Hefemilch dazugeben und zu einem glatten, elastischen Teig kneten. Zurück in die Schüssel legen und, mit einem feuchten Tuch bedeckt, 1 Stunde an einem warmen Ort gehen lassen.

Brötchen formen und auf ein gefettetes Blech setzen. Im 200 Grad heißen Backofen 20 Minuten backen.

Während die Brötchen im Ofen sind, die Butter in einer Pfanne aufschäumen, Knoblauch und Meerrettich dazugeben und kurz anbraten. Vom Herd ziehen und die Petersilie darunterrühren.

Die Brötchen mit der Petersilienbutter bestreichen und mit Fleur de Sel bestreuen.

Für 12 Stück

1 Knolle	Knoblauch
70 ml	Olivenöl
2 TL	Trockenhefe
250 ml	Wasser, lauwarm
60 ml	Milch, warm
1 TL	brauner Zucker
450 g	Mehl
1 TL	Salz
80 g	Butter, gewürfelt
2	Knoblauchzehen, geschält und fein gehackt
3 EL	Meerrettich, fein gerieben
4 EL	krause Petersilie, gehackt
	Fleur de Sel zum Bestreuen

rosmarin lavendel brot

Für 2 Brote à 420 g

400 g	Mehl
100 g	Roggenmehl
1 EL	Salz (15 g)
15 g	Hefe
1 TL	Lavendel, gemahlen
5 EL	Rosmarinnadeln, gehackt
320 ml	Wasser
2 EL	Hartweizengrieß

Alle Zutaten bis auf den Hartweizengrieß zu einem elastischen Teig verkneten. Mit einem Tuch abgedeckt 2 Stunden bei Zimmertemperatur gehen lassen.

Den Teig teilen und zu 2 runden Broten formen. Mit Hartweizengrieß bestäuben, auf ein Blech setzen und nochmals 1 Stunde ruhen lassen.

Eine feuerfeste Schale mit Wasser in den Ofen stellen. Im 230 Grad heißen Backofen 30 Minuten backen. Die Temperatur auf 210 Grad reduzieren und für weitere 35 Minuten fertig backen.

»

Dieses Brot ist ein Klassiker bei uns im Restaurant und im Laden. Die Aromen wechseln oft, es schmeckt auch sehr fein mit Wacholder.

estragon schnecke

600 g	Mehl
75 g	Zucker
1 TL	Salz
40 g	Hefe
250 ml	Wasser
2 EL	Olivenöl
2	Eier
	Mehl für die Arbeitsfläche
200 g	Butter
4 EL	Estragon, fein geschnitten

Mehl mit Zucker und Salz in eine große Schüssel sieben, in die Mitte eine Mulde drücken. Die Hefe in der lauwarmen Milch auflösen und in die Mulde geben. Mit etwas Mehl bestäuben und 15 Minuten gehen lassen. Das Öl mit den Eiern verrühren und dazugießen. Alles zu einem glatten Teig verkneten.

Den Teig an einem warmen Ort auf das doppelte Volumen aufgehen lassen. Nochmals durchkneten und auf der bemehlten Arbeitsfläche zu einem möglichst dünnen Rechteck ausrollen. Mit der Butter bestreichen und den Estragon daraufstreuen.

Von der Längsseite her einrollen. 1 Stunde ruhen lassen, dann schneckenförmig zusammenrollen.

Auf ein mit Backpapier ausgekleidetes Backblech legen und zugedeckt nochmals über Nacht gehen lassen.

Im vorgeheizten Backofen bei 180 Grad etwa 30 Minuten goldbraun backen.

»

Dieses Gebäck, das ursprünglich aus Spanien stammt, habe ich vor Jahren ständig gebacken und dann irgendwie vergessen. Erst vor Kurzem ist mir das von meiner Nichte mit Kinderschrift geschriebene Rezept wieder in die Hände gefallen.

walnuss salbei brot

Milch, Eier, Zucker und Hefe in einer großen Schüssel verrühren. 10 Minuten an einem warmen Ort gehen lassen. Das Mehl dazusieben und gut mischen.

Nüsse, Salz und Salbei dazugeben.

Den Teig abgedeckt 1 Stunde gehen lassen. Auf einer bemehlten Fläche 2 längliche Laibe formen und auf ein Backblech setzen.

Im 200 Grad heißen Backofen 5 Minuten backen, die Hitze auf 170 Grad reduzieren und das Brot weitere 25 Minuten fertig backen.

200 ml	Milch, lauwarm
1	Ei
3	Eigelb
30 g	brauner Zucker
20 g	Hefe
300 g	Mehl
250 g	Walnüsse, geschält und grob gehackt
1 TL	Salz
5 EL	gehackter Salbei

»
Die Konsistenz des Teiges ist relativ weich. Das Brot kann auch in einer Kastenform gebacken werden.

rhabarber rosmarin tarte mit mandel crumble

Für 1 Tarte von 28 cm Durchmesser

Boden

120 g	Butter, Zimmertemperatur
½ TL	Salz
90 g	Puderzucker
30 g	gemahlene Mandeln
1	Ei (50 g)
235 g	Mehl

Crumble

100 g	Butter
100 g	brauner Zucker
100 g	gemahlene Mandeln
100 g	Mehl

Flan

1½–2	Eier (90 g)
50 g	Zucker
180 ml	Rahm (Sahne)
1 EL	gehackter Rosmarin

Rhabarberkompott

60 g	Zucker
5 g	Butter
250 g	Rhabarber, in kleine Würfel geschnitten
1 EL	Rosmarin, gehackt

Alle Zutaten für den Boden mit 60 g vom Mehl mischen, ohne zu verkneten. Dann das restliche Mehl darunterkneten. In Folie verpackt 2 Stunden im Kühlschrank ruhen lassen.

Für den Crumble alles kurz verkneten und auf ein mit Backpapier ausgelegtes Blech bröseln.

Im 160 Grad heißen Backofen 15 Minuten backen.

Alle Zutaten für den Flan gut verrühren.

Für das Kompott Zucker und Butter zu einem hellen Karamell schmelzen und Rhabarber samt Rosmarin dazugeben. 3 Minuten köcheln lassen, in eine Schüssel füllen und abkühlen lassen.

Den Teig 3 mm dünn ausrollen und eine gebutterte Tarteform damit auskleiden. Im 165 Grad heißen Backofen 13 Minuten blind backen. Die Flanmasse hineingießen und bei 160 Grad weitere 20 Minuten backen. Abkühlen lassen und Kompott sowie Crumble darauf verteilen.

bananen petersilien cake

Bananen und Zucker vermixen. Ausgekratztes Vanillemark, Salz, Eier und Butter darunterrühren. Petersilie mit Sonnenblumenöl fein mixen und unter die Masse rühren. Mehl und Backpulver dazusieben und glattrühren.

Den Teig in ein ausgebuttertes, tiefes Blech geben und im heißen Backofen bei 180 Grad etwa 40 Minuten backen.

230 g	Bananen, reif, ohne Schale
230 g	Zucker
1	Vanilleschote
1 Prise	Salz
2	Eier
130 g	Butter, geschmolzen
50 g	Petersilie, gezupft
80 ml	Sonnenblumenöl
230 g	Mehl
1 TL	Backpulver

sesam knäckebrot mit dill

Alle Zutaten bis auf die Kerne zu einem Teig verrühren und auf einer Backmatte oder einem mit Backpapier ausgekleideten Blech dünn ausstreichen. Kerne darüberstreuen und im 170 Grad heißen Backofen backen. Nach 15 Minuten herausnehmen und in die gewünschte Form schneiden. In 45 Minuten fertig backen.

60 g	Dinkelmehl
60 g	Haferflocken, fein
40 g	Weizenkleie
25 g	Sesam
25 g	Leinsamen
½ TL	Fenchelkörner, gemahlen
4 EL	gehackter Dill
1 TL	Salz
350 ml	Wasser
1 EL	Sesamöl
3 EL	Kürbiskerne
3 EL	Sonnenblumenkerne

»

Das Rezept stammt von Hilal, die mir seit knapp neun Jahren für so vieles zur Seite steht. Als sie es zum ersten Mal gebacken hat, habe ich ein ganzes Blech davon gegessen. Gut verschlossen würde sich das Knäckebrot zwei Wochen halten – tut es aber garantiert nicht.

zitronenthymian sablés

Butter mit ausgekratztem Vanillemark und Thymian mischen. Eigelb, Zucker, Mandelmasse und Zitrusschalen in der Küchenmaschine mit dem Schneebesen aufschlagen.

Mehl, Backpulver und die Buttermischung dazugeben und mit dem Thymianöl sowie Fleur de Sel zu einem Teig verkneten.

In Folie verpackt 1 Stunde im Kühlschrank ruhen lassen. 5 mm dick ausrollen, ausstechen oder zuschneiden und bei 165 Grad 13–15 Minuten backen.

Die Sablés halten sich, luftdicht verpackt, mehrere Wochen.

85 g	Butter, kalt, in Würfel geschnitten
1	Vanilleschote
2 EL	gehackter Zitronenthymian
2	Eigelb
75 g	Zucker
30 g	Mandelmasse, roh
1	Limette, abgeriebene Schale
1	unbehandelte Zitrone, abgeriebene Schale
225 g	Mehl
8 g	Backpulver
30 g	Thymianöl (siehe Basics Seite 329)
1 Prise	Fleur de Sel

»
Die Sablés sind lecker zu Tee oder Kaffee, aber auch zerbröselt ein toller Crumble für Desserts.

fladenbrot mit koriandreröl

Die Hefe in 200 ml vom Wasser auflösen. Mit den anderen Zutaten zu einem glatten Teig kneten. Mit einem Tuch abdecken und 2 Stunden an einem warmen Ort gehen lassen.

Den Teig in 8–10 Kugeln teilen und diese jeweils etwa ½ cm dick ausrollen.

Eine Pfanne erhitzen und die Brotfladen trocken auf jeder Seite 1–2 Minuten ausbacken.

Für das Topping alle Zutaten mischen und großzügig auf den Broten verteilen.

Ergibt 8 Fladenbrote von 20 cm Durchmesser

25 g	Hefe
600 ml	Wasser, lauwarm
1 kg	Mehl
15 g	Salz
2 Msp.	Koriander, gemahlen

Topping

200 ml	Korianderwurzelöl (siehe Basics Seite 327)
1 Bund	Koriander, grob gehackt
1	Knoblauchzehe, geschält und fein gerieben
1 TL	Fleur de Sel
	Koriandrerkresse zum Bestreuen

»

Die Brote können auch gut auf dem Grill oder einer Tepanyaki-Platte zubereitet werden.

pfeffer petersilien brioche

Alle Zutaten bis auf Eier, Hefe, Butter und Petersilie in der Küchenmaschine mischen. Eier mit der Petersilie mixen und dazugeben und dann die Hefe. 5 Minuten rühren. Nach und nach die Butter einrühren, bis ein glatter Teig entsteht. Den Teig, mit Klarsichtfolie abgedeckt, 2 Stunden im Kühlschrank gehen lassen. Nochmals durchkneten. Den Teig 24 Stunden im Kühlschrank ruhen lassen. In dieser Zeit noch zweimal durchkneten.

Den Teig in eine ausgebutterte Kastenform geben (maximal bis zur Hälfte füllen) und weitere 2 Stunden gehen lassen.

Im vorgeheizten Backofen bei 190 Grad 10 Minuten backen, dann die Temperatur auf 170 Grad reduzieren (Achtung: Backofentür nicht öffnen!) und weitere 20 Minuten fertig backen.

250 g	Mehl
20 g	Zucker
1	Limette, abgeriebene Schale
1 TL	grüner Pfeffer, gemahlen
½ TL	Salz
3	Eier (150 g)
1 großes Bund	Petersilie, grob gehackt
15 g	Hefe
150 g	kalte Butter, gewürfelt

»

Die Brioche schmeckt toll als Beilage zu Fleisch, in Scheiben geschnitten und in Öl gebraten.

schokoladen ingwer cake mit zitronengras

Den Balsamico auf die Hälfte reduzieren. Ingwer, Zitronat und Zitronengras dazugeben und 24 Stunden ziehen lassen. Die Flüssigkeit abgießen und aufbewahren (siehe unten). Die Schokolade mit der Ingwer-Zitronengras-Mischung verrühren.

Butter, Eier und Zucker 15 Minuten in einer Rührschüssel aufschlagen. Mehl mit Backpulver, Ingwerpulver und Kakao mischen und mit einem Gummispatel darunterheben.

Dann die Schokoladenmischung einrühren. In gebutterte Formen füllen.

Bei 180 Grad zuerst 5 Minuten, dann bei 150 Grad 40 Minuten backen.

In der Zwischenzeit für den Sirup alle Zutaten verrühren, bis sich der Zucker gelöst hat.

Die Cakes aus den Formen lösen und mit dem Sirup einpinseln.

Teig

400 ml	Balsamicoessig
80 g	kandierter Ingwer, gewürfelt
60 g	Zitronat
5 Stängel	Zitronengras, das Innere fein gehackt
70 g	dunkle Schokolade (70 % Kakaoanteil), gehackt
240 g	weiche Butter
5	Eier
240 g	Zucker
190 g	Mehl
5 g	Backpulver
½ TL	Ingwerpulver
50 g	Kakaopulver

Sirup

120 ml	Ananassaft
80 ml	Zitronensaft
100 g	Zucker

»
Der aromatisierte Balsamico ist köstlich zum Beispiel zum Abschmecken von Salaten oder Gemüsegerichten.

joghurt thymian cake

3	Eier
250 g	Zucker
250 g	Butter, flüssig, leicht ausgekühlt
250 g	Naturjoghurt, Zimmertemperatur
1	Vanilleschote
4 EL	Thymian, gehackt
1	Limette, abgeriebene Schale
300 g	Mehl
1 TL	Backpulver
4 EL	Puderzucker
1 EL	Thymianpulver

Eier und Zucker mit dem Schneebesen der Küchenmaschine schaumig schlagen. Butter, Joghurt, ausgekratztes Vanillemark, Thymian sowie Limettenschale dazugeben und verrühren.

Mehl und Backpulver dazusieben und gut verrühren.

Den Teig in eine gebutterte Kastenform geben und im 180 Grad heißen Backofen 25 Minuten backen.

Puderzucker und Thymianpulver mischen und den Kuchen nach dem Auskühlen damit bestreuen.

»

Der Joghurt im Cake macht ihn sehr leicht und frisch. Die Variante, statt Thymian Lavendelblüten zu verwenden, schmeckt auch sehr lecker.

basilikum focaccia mit grünen oliven

Die Hefe in 200 ml vom Wasser auflösen und mit allen anderen Zutaten zu einem glatten Teig verkneten. Mit einem Tuch abgedeckt 2 Stunden bei Zimmertemperatur gehen lassen. Den Teig auf das geölte Blech geben und nochmals 20 Minuten gehen lassen.

Mit den Fingern Vertiefungen in den Teig drücken. Das Basilikumöl darauf verteilen und mit dem Fleur de Sel bestreuen.

Die Focaccia im vorgeheizten Backofen bei 210 Grad 10 Minuten backen. Die Temperatur reduzieren und bei 180 Grad 25 Minuten fertig backen.

Für ein Blech von 45 x 38 cm

25 g	Hefe
480 ml	Wasser, lauwarm
750 g	Mehl
30 g	Hartweizengrieß
15 g	Salz
60 g	Basilikumöl (siehe Basics Seite 329)
1 TL	Anis, gemahlen
330 g	gehackte grüne Oliven
	Olivenöl für das Blech
5 EL	Basilikumöl
1 TL	Fleur de Sel

»

Die Focaccia in verschiedensten Geschmacksvarianten ist bei uns ein Klassiker für alle Gerichte außer Haus. Geliebt bei Picknick, Schulfest und Apéro-Events.

thymian

getränke

Es ist die reinste Augenweide, wenn im Eistee kleine Felder von Basilikumblüten schwimmen und dabei nicht nur ihr Aroma, sondern auch ihre schöne Farbe abgeben. Oft gesund und immer erquickend ist es, wenn Smoothies, Säfte und Tees mit frischen Kräutern angereichert werden. Schnell ist ein Tee aus Zitronenthymian gebraut, der einen von innen stärkt. Und wer schon frühmorgens einen Smoothie mit Avocado und Koriander mixt, kann den Tag mutig in Angriff nehmen. Egal ob als erfrischender Durstlöscher oder als feierlichen Cocktail gemixt: Kräuter sorgen in Getränken für Freude und Überraschung im Gaumen.

pfefferminz buttermilch lassi

Alle Zutaten im Mixer fein pürieren. Eiskalt mit frischen Minzblättern servieren.

500 ml	Buttermilch
1 Bund	Pfefferminzblätter, abgezupft, einige Blätter beiseitestellen
½	Limette, Saft und abgeriebene Schale
2 EL	Honig
1 TL	Matchateepulver

»

Ich liebe Matchateepulver in sehr vielen Getränken und Gerichten. Es zaubert eine schöne grüne Farbe und wirkt als natürlicher Geschmacksverstärker.

ingwer rosmarin tee

Den Ingwer mit der Schale in dünne Scheiben schneiden und zusammen mit allen anderen Zutaten in einen Topf geben. Aufkochen und 3 Minuten leicht köcheln lassen. Das Ganze 20 Minuten ziehen lassen und dann durch ein Sieb passieren.

60 g	Ingwer, gut gewaschen
4 Zweige	Rosmarin
2 Stängel	Zitronengras, grob geschnitten
1	Limette, ausgepresst
2 EL	Honig
1½ l	Wasser

»

Den Tee hat mir Thierry, mein Chef-Gardemanger, einmal gekocht, als ich sehr erkältet war. Er sagt, heiß getrunken mit 4 EL Cognac sei es die beste Medizin … Der Tee ist seither mein Lieblingsgetränk. Ich koche ihn eigentlich täglich, und er ist heiß wie kalt super lecker.

ananas thaibasilikum saft

Die Ananas schälen, den Strunk entfernen und das Fruchtfleisch in Stücke schneiden. Mit den übrigen Zutaten fein mixen und durch ein Sieb passieren.

1	reife Ananas
½ l	Ananassaft
½ l	Wasser
2 Bund	Thaibasilikum, Blätter abgezupft
2	Limetten, Saft und abgeriebene Schale

»
Diese Kombination ist seit Jahren ein Klassiker bei mir. Ich habe den Powersaft als Erfrischung im Menü serviert oder trinke ihn gerne als Frühstückssaft, um fit in den Tag zu starten.

zitronenthymian tee mit langpfeffer

Das Wasser aufkochen. Alle Zutaten in eine Kanne geben und mit dem heißen Wasser aufbrühen. 7 Minuten ziehen lassen. Der Tee schmeckt heiß und kalt einfach köstlich.

1 l	Wasser
½ Bund	Zitronenthymian
1 EL	Honig
4 Stück	Langpfeffer
1 EL	Zitronensaft

bananen kerbel smoothie

Alle Zutaten im Standmixer fein pürieren.

2 Handvoll	Spinat, gewaschen
1	Banane
500 ml	Mandelmilch
1 Bund	Kerbel, grob geschnitten

»
So ein Smoothie ist eine supergesunde kleine Mahlzeit. Im grünen Powerdrink sind viele Vitalstoffe enthalten, die durchs Mixen so fein aufgeschlossen werden, dass sie der Körper ganz einfach aufnehmen kann.

sellerie birnen saft mit estragon

Alle Zutaten in den Entsafter geben. Man kann auch alles im Standmixer fein pürieren und dann durch ein feines Sieb passieren.

10	Selleriestangen, gewaschen
4	reife Birnen, halbiert und entkernt
50 g	Ingwer, gewaschen
1 Bund	frischer Estragon, grob geschnitten
2	Limetten, geschält

avocado koriander smoothie

Alle Zutaten im Standmixer fein pürieren und durch ein feines Sieb passieren.

1	reife Avocado
½ Bund	Koriander, gezupft
200 g	Naturjoghurt
1	Limette, Saft und abgeriebene Schale
300 ml	Apfelsaft

»
Avocado macht Smoothies so richtig cremig. Sie passt auch ganz wunderbar in Früchte-Smoothies, liefert gesunde Fette und wichtige Vitamine.

blüten fenchel eistee

Das Wasser in einem Topf aufkochen, vom Herd ziehen und den Tee, die Fenchelsamen sowie die Blüten dazugeben. Zugedeckt 10 Minuten ziehen lassen. Abgießen und mit dem Sirup süßen.

Mit Eiswürfeln und den frischen Blüten servieren.

1½ l	Wasser
2 EL	Beerenfrüchtetee
½ TL	Fenchelsamen
2 EL	getrocknete Rosenblüten
4 EL	Goldmelissenblütensirup (siehe Basics Seite 341)
	Eiswürfel
1 Handvoll	frische Blüten

gurken basilikum cocktail

Die Gurke mit der Schale raspeln und zusammen mit Basilikum und Zitronensaft mit einem Holzstößel gut zerstoßen. Gin und Ananassaft dazugeben. Crushed Ice in Gläser füllen und den Cocktail durch ein Sieb dazugießen. Mit Gurkenscheiben und Basilikumblättern servieren.

1	Gartengurke, gewaschen
1 Handvoll	Basilikumblätter, geschnitten
60 ml	Zitronensaft
160 ml	Gin
300 ml	Ananassaft
	Crushed Ice
1	Minigurke, in Scheiben geschnitten
einige	Basilikumblätter

ingwer zitronengras limonade

Alle Zutaten in eine Flasche füllen und mit dem Wasser auffüllen. Die Flasche verschließen und auf die Fensterbank stellen. Nach 24 Stunden die Flasche in den Kühlschrank stellen und gut durchkühlen lassen.

Durch ein feines Sieb in mit Eis gefüllte Gläser füllen und mit Limettenblättern und Zitronengras servieren.

200 g	Zucker
¼ TL	Trockenhefe
60 g	Ingwer, gerieben
2	Limetten, Saft und abgeriebene Schale
2 Stangen	Zitronengras, fein gehackt
5	Kaffirlimettenblätter, fein geschnitten
500 ml	Wasser
	Crushed Ice
6	Kaffirlimettenblätter
1 Stängel	Zitronengras, schräg in Scheibchen geschnitten

»

Die Zutaten am besten mit einem Trichter einfüllen. Die Flasche nicht länger als 24 Stunden ungekühlt stehen lassen, sonst bildet sich zu viel Kohlendioxid, und die Flasche könnte sogar platzen.

erdbeerspinat

basics

Sie sind die stillen Stars in der Küche und verhelfen vielen Gerichten zum großen Auftritt. Ein erfrischendes Minzsalz, der Kräuterhonig, der schon beim Frühstück alle Sinne weckt, oder der lieblich-süße Goldmelissensirup, der am Tisch für Freude sorgt. Ich bin sehr davon angetan, Kräuter in Ölen, Salzen, in Sirup oder Pestos zu konservieren. Schnell sind sie zubereitet, halten sich aber lange und transportieren damit die schönen Sommeraromen bis in den Winter hinein. Kräuterbasics sind meine kulinarische Schatztruhe, die mir beim Verfeinern von Gerichten helfen und auch bei einfachen Speisen für ein kulinarisches Highlight sorgen.

1
2
3
4
5
6

1
basilikumblüten essig

2
salbei zimt öl

3
zitronengras culentro essig

4
rosmarin zitronen essig

5
thymian limetten öl

6
korianderwurzel ingwer öl

basilikum-blüten essig

10 Zweige	Basilikumblüten vom African-Blue-Basilikum
500 ml	Rotweinessig

Basilikumblüten in eine Glasflasche geben und mit dem Essig auffüllen. An einem dunklen, kühlen Ort rund 4 Wochen ziehen lassen und abpassieren.

Dieser blumige Essig eignet sich wunderbar als Grundlage für Dressings für Tomatensalate und Rote Bete.

zitronengras culentro essig

4 Stangen	Zitronengras
6	Culentroblätter
500 ml	Reisessig

Zitronengras und Culentroblätter in eine Glasflasche geben und mit dem Essig auffüllen. An einem dunklen, kühlen Ort rund 4 Wochen ziehen lassen und abpassieren.

Zitronengras vor der Verwendung immer klopfen. So kann das volle Zitrusaroma den Stangen entweichen.

rosmarin zitronen essig

5 Zweige	Rosmarin
1	unbehandelte Zitrone, Schale mit dem Zestenreißer abgezogen
500 ml	weißer Balsamicoessig

Rosmarin und Zitronenzesten in eine Glasflasche geben und mit dem Essig auffüllen. An einem dunklen, kühlen Ort rund 4 Wochen ziehen lassen und abpassieren.

Mit dem Essig kann man Salatsaucen für alle Gemüsesalate zubereiten und kalte Suppen abschmecken.

salbeiöl mit zimt

1 Bund	Salbei
2	Zimtstangen
300 ml	Rapsöl

Die Salbeiblätter und den Zimt in eine Flasche geben. Mit dem Öl auffüllen und an einem dunklen Ort 2–3 Wochen ziehen lassen.

Das Öl passt wunderbar zu Pastagerichten, Kartoffeln oder zu Fleisch.«

thymianöl mit limette

1 Bund	Zitronenthymian
1	Limette, die Schale fein abgeschält
300 ml	Olivenöl

Zitronenthymian und Limettenschalen in eine Flasche geben. Mit dem Öl auffüllen und an einem dunklen Ort 2–3 Wochen ziehen lassen.

Das Öl ist toll zu gegrilltem Fisch und Gemüse.«

korianderwurzelöl mit ingwer

8	Korianderwurzeln, gut gewaschen
30 g	Ingwer, geschält und in Scheiben geschnitten
300 ml	Sonnenblumenöl

Korianderwurzeln und Ingwer in eine Flasche geben. Mit dem Öl auffüllen und an einem dunklen Ort 2–3 Wochen ziehen lassen.

Das Öl ist toll für Gemüse und Reisgerichte, aber auch für alle gebratenen Fisch- und Meeresfrüchtegerichte.«

ESTRAGON
PETERSILIE
KRÄUTER
BASILIKUM
MINZE

minzöl petersilienöl estragonöl basilikumöl thaibasilikumöl

200 g	Minz- oder Petersilien- oder Estragon- oder Basilikum- oder Thaibasilikumblätter
120 ml	Olivenöl
120 ml	Sonnenblumenöl

Die Blätter blanchieren, in kaltem Wasser abschrecken und mit einem Geschirrtuch gut ausdrücken. Beide Öle auf 60 Grad erwärmen und mit den Blättern 5 Minuten mixen. Das Öl über Nacht ziehen lassen und am nächsten Tag durch einen Kaffeefilter abgießen.

Die grünen Öle sind toll für Salate, Pasta, Fisch und Gemüsegerichte. Anstelle von normalem Öl bringen sie neben Frische und Aroma auch Farbe ins Essen.

kräuteröl

50 g	Basilikumblätter
70 g	Petersilienblätter
30 g	Estragonblätter
50 g	Minzeblätter
250 ml	Rapsöl

Die Kräuter blanchieren, in kaltem Wasser abschrecken und mit einem Geschirrtuch kräftig ausdrücken. Rapsöl auf 60 Grad erwärmen und mit den Kräutern 5 Minuten mixen. Das Öl über Nacht ziehen lassen und am nächsten Tag durch einen Kaffeefilter abgießen.

Die Kräuter können natürlich nach Belieben ausgetauscht werden, je nach Geschmack oder was im Kräutergarten so wächst. Es ist eine tolle Möglichkeit, Kräuter und ihren Geschmack zu konservieren. Im Kühlschrank hält sich das Öl 3 Monate.

BASILIKUMPE
BRUNNENKRES
EBSTÖCKEL SALS
PETERSILIENPE
RUCOLAPEST

basilikum zitronen pesto

120 g	Basilikumblätter
180 ml	Olivenöl
2	Knoblauchzehen, geschält
2	unbehandelte Zitronen, fein abgeriebene Schale
1 Prise	Fleur de Sel
1 Prise	Anispulver

Alle Zutaten in den Mixer geben und zu einer feinen Paste pürieren.

Das leichte Pesto eignet sich bestens zum Zubereiten von Gebäck (siehe Rezept Pesto-Pistazien-Cantucci Seite 81)

brunnenkresse haselnuss pesto

150 g	Brunnenkresse, ohne grobe Stiele
60 g	Haselnüsse, geröstet
80 g	Haselnussöl
80 g	Sonnenblumenöl
2 Prisen	Salz
1 Prise	Zucker
1 Prise	Kardamom, gemahlen

Die Brunnenkresse in kochendem Salzwasser kurz blanchieren und kalt abschrecken. In einem Küchentuch gut ausdrücken und mit den restlichen Zutaten fein mixen.

Ich liebe dieses herbe, leicht bittere Pesto, vor allem zu Fisch und Meeresfrüchten.

liebstöckel salsa

½ Bund	Liebstöckel, gezupft
1 Bund	Petersilie, gezupft
½ Bund	Schnittknoblauch, fein geschnitten (oder 1 Knoblauchzehe)
1	Schalotte, fein gewürfelt
4 EL	Sonnenblumenöl
3 EL	Apfelessig
2 Scheiben	Toastbrot ohne Rinde, gewürfelt
½ TL	brauner Zucker
	Salz
	schwarzer Pfeffer aus der Mühle

Alle Zutaten im Cutter mixen und abschmecken.

Die Salsa passt toll zu gegrilltem Fleisch, Gemüse und allen Kartoffelgerichten.

petersilien walnuss pesto

150 g	Petersilienblätter
40 g	Walnüsse, leicht geröstet
50 ml	Walnussöl
100 ml	Sonnenblumenöl
2 Prisen	Salz
1 Prise	Zucker
1 Prise	Nelkenpulver

Die Petersilie im kochenden Salzwasser kurz blanchieren und kalt abschrecken. In einem Küchentuch gut ausdrücken und mit den restlichen Zutaten fein mixen.

Das Pesto passt toll zu Gnocchi und Pastagerichten.

rucola pistazien pesto

300 g	Rucola
50 g	Pistazien, geröstet und grob gehackt
200 ml	Rapsöl
1 große Prise	Salz
1 Prise	Zucker
1 Prise	Muskatnuss

Den Rucola in kochendem Salzwasser kurz blanchieren und kalt abschrecken. In einem Küchentuch gut ausdrücken und mit den restlichen Zutaten fein mixen.

Passt wunderbar zu Risotto und Pastagerichten. Sein leicht herber Geschmack rundet auch eine Kartoffelsuppe toll ab.

KRÄUTERHONIG

kräuterhonig

1 Bund	Petersilie, gezupft
½ Bund	Estragon, gezupft
½ Bund	Kerbel, gezupft
½ Bund	Zitronenthymian, gezupft
½ Bund	Basilikum, gezupft
400 g	Akazienhonig
2 EL	Estragonessig

Alle Zutaten zusammen fein mixen.

Den Kräuterhonig im Kühlschrank aufbewahren. Er ist lecker im Tee, zum Marinieren von Früchten oder als schnelles Dessert in Naturjoghurt gerührt.

estragonhonig

2 Bund	Estragon
250 g	Blütenhonig
1 Msp.	grüner Pfeffer, gemahlen

Den Estragon zupfen und grob schneiden. Den Honig auf 40 Grad erwärmen und den Estragon sowie den Pfeffer dazugeben. Über Nacht abgedeckt ziehen lassen. Am nächsten Tag nochmals leicht erwärmen, fein mixen und durch ein Sieb passieren.

Der Honig ist toll zum Glasieren von Fleisch und Fisch. Aber auch einfach auf einem Butterbrot schmeckt er wunderbar.

kräuterzucker

½ Bund	Estragon, gezupft
½ Bund	Kerbel, gezupft
½ Bund	Minze, gezupft
100 g	Zucker

Die Kräuter grob schneiden und mit dem Zucker zusammen fein cuttern.

Der grüne Zucker ist toll zum Marinieren von Beeren und anderen Früchten.

BUTTERMILCH
MEERRETTICH
LIMETTEN MAR
MISODRESSI

buttermilch dill dressing

500 ml	Buttermilch
1 Bund	Dill, gezupft
1 Bund	Minze, gezupft
50 ml	Zitronensaft
1	Knoblauchzehe, geschält
60 ml	Olivenöl
	Salz
	schwarzer Pfeffer aus der Mühle

Alle Zutaten zusammen fein mixen und abschmecken.

Das Dressing mariniert Gemüsesalate wie Gurken-, Fenchel- oder Tomatensalat.

meerrettich minz dressing

1 Bund	Minze, gezupft
140 ml	Sonnenblumenöl
1 TL	Salz
2 EL	Meerrettichpaste
2 EL	Pfefferminzsirup
100 ml	Apfelessig
100 ml	Wasser
50 ml	Sojasauce

Alle Zutaten fein mixen und durch ein Sieb passieren.

Das scharf-frische Dressing mariniert alle Blatt- und Gemüsesalate.

limetten basilikum dressing

100 g	Basilikumblätter
100 g	Minzblätter
1	grüne Chili, entkernt und gewürfelt
110 ml	Sonnenblumenöl
60 ml	Olivenöl
1 EL	Limettenabrieb
60 ml	Limettensaft
½ TL	Zucker
½ TL	Salz

Alles zusammen sehr fein mixen und in eine Flasche abfüllen. Im Kühlschrank aufbewahren.

Das frische Dressing passt für alle Salate, gibt mariniertem Gemüse wie Blattsalaten eine tolle Würze.

miso koriander dressing

2 EL	gehackter Ingwer
60 g	weiße Misopaste (Asialaden)
2 EL	Reisessig
1 EL	gerösteter Sesam
1 EL	Sonnenblumenöl
½ Bund	Koriander, gezupft
½ Bund	Minze, gezupft
250 ml	Wasser

Alle Zutaten zusammen fein mixen.

Das Dressing passt sehr gut zu lauwarmen Gemüsesalaten, Dim Sum oder Fischtatar.

KRÄUTERSENF
KORIANDER
ZWIEBEL
BASILIKUM
CHIMICHURRI

limetten chimichurri

2 Bund	Koriander, gezupft
1 Bund	Petersilie, gezupft
1 TL	Oregano, getrocknet
1	grüne Chili, entkernt und fein gewürfelt
150 ml	Olivenöl
1	Limette, abgeriebene Schale
6 EL	Limettensaft
2	Knoblauchzehen, geschält und gehackt
1 Prise	Salz
1 Prise	Zucker

Alle Zutaten zusammen fein mixen.

Passt gut zu gegrilltem Fisch und Fleisch. Auch gut zum Marinieren von geröstetem Gemüse geeignet.

kokos koriander chutney

1	Knoblauchzehe, geschält und gehackt
1 EL	gehackter Ingwer
1	grüne Chili, entkernt und gehackt
1 Bund	Koriander, gezupft
2	Zitronen, Saft
100 g	Kokosflocken
2 TL	Zucker
1 TL	Thai-Fischsauce

Knoblauch, Ingwer, Chili und Koriander mit dem Zitronensaft mixen. Kokosflocken und Zucker darunterrühren und mit der Fischsauce würzen.

Passt zu Currys und würzigen Suppen.

rote zwiebel basilikum relish

2	rote Zwiebeln, geschält
2 Msp.	Salz
3 EL	Reisweinessig
4 EL	Aprikosenmarmelade
1	rote Chili, entkernt und fein gewürfelt
3 EL	geschnittener Basilikum
2 EL	gehackter Koriander

Die Zwiebeln in feine Scheiben schneiden, mit dem Salz in einer Schüssel mischen und 20 Minuten ziehen lassen.

Die Zwiebeln in einem Sieb abspülen und trocken tupfen. Alle anderen Zutaten verrühren, die Zwiebeln dazugeben und für 1 Stunde marinieren.

Dieses knackige, würzige Relish passt zu vielen Fleischgerichten und zu Ziegenkäse.

kräutersenf

200 g	gelbe Senfkörner
50 g	schwarze Senfkörner
1 Bund	Estragon, gezupft
1 Bund	Kerbel, gezupft
1 Bund	Petersilie, gezupft
125 g	Zucker
1 TL	Salz
1 TL	Ingwerpulver
300 ml	weißer Balsamicoessig
200 ml	Weißwein

Die Senfkörner 2 Stunden tiefkühlen. Dann im Cutter fein mahlen. Die Kräuter fein hacken. Mit Zucker, Salz und Ingwer zum Senf geben. Balsamico und Wein aufkochen. Siedend heiß zur Senfmischung gießen. In Gläser füllen, verschließen und 1 Woche im Kühlschrank ziehen lassen.

Passt prima zu Käse, ist aber auch toll zum Verfeinern von Dressings und Saucen.

algen
estragon
salz
salbeisalz
verveine
beizsalz
minzsalz
zitronengras
grüntee salz

verveine beizsalz

75 g	Salz
50 g	brauner Zucker
1	Limette, abgeriebene Schale
1 Bund	Verveine, gezupft
1 Msp.	Kardamom

Alle Zutaten im Cutter fein mixen.

Das Salz eignet sich hervorragend zum Beizen von Fisch.

zitronengras grüntee salz

30 g	grobes Meersalz
1 EL	Sencha-Grüntee
½ TL	Matchateepulver
2 EL	Zitronengras, getrocknet
4	Kardamomkapseln
1 Msp.	Ingwerpulver

Alles gut mischen und in eine Salzmühle füllen.

Ist toll zum Würzen von Gemüse, Reis und Fischgerichten.

salbeisalz

1 Bund	Salbei, gezupft
60 g	Fleur de Sel
1 Msp.	grüner Pfeffer, gemahlen

Den Salbei im Backofen bei 80 Grad etwa 3 Stunden trocknen. Fein mörsern und mit dem Fleur de Sel und Pfeffer mischen.

Sehr fein zum Würzen von gebratenem Fisch oder Fleisch.

minzsalz

5 EL	getrocknete Minze
1 Msp.	Piment, gemahlen
60 g	Salz

Die Minze im Cutter mit Salz und Piment fein mixen.

Toll zum Würzen von Fisch, Meeresfrüchten und Salaten.

algen estragon salz

30 g	grobes Meersalz
3 EL	Estragon, getrocknet
3 EL	Nori-Algen, gemörsert
20 g	schwarzer Sesam
½ TL	Ingwerpulver
1 TL	Kornblumenblüten, getrocknet

Alles gut mischen und in eine Salzmühle füllen.

Zum Würzen von rohen und gebratenen Fischgerichten.

gurken basilikum sirup

400 g	Zucker
1 l	Wasser
1	Gurke, samt Schale geraspelt
1 Bund	Basilikum
2	Limetten, Saft und abgeriebene Schale

Wasser und Zucker aufkochen. Vom Herd ziehen und die übrigen Zutaten dazugeben. Abkühlen lassen, abdecken und 24 Stunden im Kühlschrank ziehen lassen. Abpassieren und in Flaschen füllen. Im Kühlschrank aufbewahren.

Aufgefüllt mit Mineralwasser, entsteht eine superleckere Gurkenlimonade.

verveine kardamom sirup

700 ml	Wasser
500 g	Zucker
3 Bund	Verveine, grob geschnitten
2	Limetten, in Scheiben geschnitten
6	Kardamomkapseln

Wasser und Zucker aufkochen. Über die restlichen Zutaten gießen und abgedeckt über Nacht im Kühlschrank ziehen lassen. Am nächsten Tag abpassieren und in Flaschen füllen.

Zum Verschenken einen Zweig frische Verveine in die Sirupflasche geben. Schmeckt sehr lecker mit Champagner aufgegossen oder als Marinade für Fruchtsalate.

goldmelissen-blüten sirup

2 Handvoll	Goldmelissenblüten
1	unbehandelte Zitrone, in Scheiben geschnitten
500 ml	Wasser
400 g	Zucker

Alle Zutaten bis auf den Zucker vermengen und über Nacht ziehen lassen.

Am nächsten Tag zusammen mit dem Zucker aufkochen und 10 Minuten köcheln lassen, abkühlen und durch ein feines Sieb abgießen. In eine Flasche füllen und im Kühlschrank aufbewahren.

Eignet sich prima zum Marinieren von Früchten und kalten Suppen. Aufgegossen mit Mineralwasser entsteht eine köstliche Limonade.

danke

Euch gilt mein großer Dank!
Mit meinem Dankeschön umarme ich alle, die zum Gelingen dieses Buches beigetragen haben und während Wochen und Monaten intensiver Arbeit bei mir waren.
Tausend Dank von Herzen!

Emma, Hilal Büyükiskilip, Fabian Wehrli, Marco Böhler, Julien Duvernay, Noemie Bernard, Nicolai Wiedmer, Thierry Boillat, Noah Hasler, Flora Depierre, Alexander Hiller, Florian Wieland, Silvana Nussbaumer, Marco Laversa, Benjamin Anderegg, Alex Prack, Ganes Nagaratnam, Zinayi Massamba, Silvana Miotti, Stefanie Rappe, René Graf, Samira Grandits, Megna Khan, Brigitte Bülow, Elisa Pfäfflin, Jürg Neuenschwander, Miriam Buchmann, Michael Wissing, Paul Jaroslawski, Sanna Andrée-Müller, Urs Hunziker, Monika Schmidhofer, Asta Machat, Myriam Zumbühl, Christian Seiler

Eure Tanja Grandits

Tanja Grandits ist Chefin des legendären, mit zwei Michelin-Sternen bewerteten Restaurants Stucki in Basel. Von GaultMillau wurde sie mit 18 Punkten und als »Koch des Jahres 2014« ausgezeichnet. Sie ist bekannt für ihren virtuosen Umgang mit Aromen, Gewürzen und Texturen. Daneben schreibt sie als Kolumnistin in verschiedenen Printmedien und ist Autorin mehrerer erfolgreicher Bücher im AT Verlag.

www.stuckibasel.ch

Gewürze
Fünfzig Gewürze und hundertfünfzig Rezepte

Aroma pur
Meine fröhliche Weltküche

Alles klar
Im Glas gekocht – im Glas serviert

rezeptverzeichnis

aperitif

salat

suppe

fisch

fleisch

vegetarisch

dessert

fisch

fleisch

vegetarisch

dessert

AT Verlag, Aarau und München
Konzeption und Fotografie: Michael Wissing BFF
Fotoassistenz: Paul Jaroslawski
Begleittexte: Myriam Zumbühl
Lektorat: Asta Machat, München
Grafische Gestaltung, Illustration und Satz: Sanna Andrée-Müller
Bildaufbereitung: Joss Andres
Druck und Bindearbeiten: Offizin Andersen Nexö, Leipzig
Printed in Germany

ISBN 978-3-03800-805-7

www.at-verlag.ch